本系列图书为

2020年度国家出版基金项目

2016年度宁波市文化创新团队项目

宁波市艺术发展基金支持资助

 你们是传统村落保护的志愿者，我也是志愿者，我们共同努力，把中国传统村落保护好，守护中华民族的乡愁。

冯骥才先生会见宁波市国家级传统村落立档调查志愿者

宁波市国家级传统村落立档调查培训班全体成员

《宁波传统村落田野调查》编委会

总 顾 问　　冯骥才
名誉主任　　郁伟年
主　　任　　杨　劲　王晓勇
副 主 任　　施孝峰　周静书　方飞龙　邵方毅
委　　员　　邵　斌　王亦建　刘尚才　张　琳
　　　　　　童银舫　鲁永平　戴余金　王伟军
　　　　　　陈素君　陈可伟　卢圣贵
主　　编　　周静书

宁波传统村落田野调查

周静书 主编

岩头村

陈 峰 编著

宁波出版社

图书在版编目（CIP）数据

宁波传统村落田野调查. 岩头村 / 陈峰编著. —宁波：
宁波出版社，2020.5
 ISBN 978-7-5526-3713-7

Ⅰ. ①宁… Ⅱ. ①陈… Ⅲ. ①村落－调查报告－宁波
Ⅳ. ①K925.55

中国版本图书馆CIP数据核字（2019）第259168号

宁波传统村落田野调查·岩头村

陈　峰　编著

出版发行	宁波出版社
地　　址	宁波市甬江大道1号宁波书城8号楼6楼
邮　　编	315040
联系电话	0574-87259609
网　　址	http://www.nbcbs.com
策划编辑	袁志坚
责任编辑	罗樱波　张爱妮
封面设计	马　力
内页排版	金字斋
责任校对	金芳萍　陈凌欧
责任印制	陈　钰
印　　刷	宁波白云印刷有限公司
开　　本	787毫米×1092毫米　1/16
印　　张	12.5
字　　数	208千
版　　次	2020年5月第1版
印　　次	2020年5月第1次印刷
标准书号	ISBN 978-7-5526-3713-7
定　　价	80.00元

本书若有倒装缺页影响阅读，请与出版社联系调换，电话：0574-87248279

序

周静书

　　中国传统村落，是中华民族一份宝贵的文化财富，是中华优秀传统文化的重要体现。2012年，在冯骥才先生的倡导下，国务院决定推进传统村落的保护，由住建部等部门负责，评审公布中国传统村落保护名录。2014年，冯骥才先生以文化大家的先知卓见，亲力亲为，领导中国民间文艺家协会启动了中国传统村落立档调查工作。这是一项具有开创性的重大文化工程。宁波市民间文艺家协会积极响应，在2015年做出规划，用三年左右时间，完成宁波市第1至第3批18个国家级传统村落立档调查工作。2016年，我们对参加立档调查的骨干进行了集中培训，恰逢中国传统村落保护（鸣鹤）国际高峰论坛在宁波慈溪举行。冯骥才先生在鸣鹤古镇与参训人员见面，并满腔热情地鼓励："你们是传统村落保护的志愿者，我也是志愿者，我们共同努力，把中国传统村落保护好，守护中华民族的乡愁。"这给宁波的民间文艺家以极大的鼓励。由此，我们形成了由50多位骨干，共100多人参与的立档调查团队。宁波市委宣传部、宁波市文联十分关心和重视，积极推荐，宁波市委办公厅下发文件，将传统村落立档调查团队列入2016年宁波市文化创新团队，给予重点支持。

传统村落的保护，不仅要保护大量的传统建筑和自然生态环境，更重要的是守护传统村落的文化灵魂，延续传统村落的文化血脉。传统村落保护是一项系统的工程，是一个完整的体系。传统建筑和自然环境是它物质性的有形文化符号，而真正代表传统村落精髓的是以非物质文化遗产为主体的民间文化。如果说建筑类的文化遗产是传统村落的躯壳，那么民间文化则是传统村落的灵魂，而且很多民间文化在当代社会中仍有重要的史料价值和现实意义。完整的传统村落形态，不仅包括古民居、庙宇、宗祠、古桥、古树等丰富的物质文化遗产，同时还应包括各种生产生活民俗、民间信仰、民间文学、手传民间技艺等非物质文化遗产。建立科学完备的传统村落档案，使传统村落的文档成为记录完整的地域建筑史、民情生存史和传统文化史的资料，从而为今后传统村落研究、保护和发展提供可靠的依据。正因为如此，传统村落的保护理当是整体性的保护，传统村落的物质资源和精神资源不能互相割裂。失去了精神层面的民间文化，就如切断了文化的血脉，传统村落徒有躯壳，就没有生命的活力。

民间文化是在漫长的农耕时代里积淀形成的文化遗产。村落建筑中存在着传统技艺等非物质文化遗产，民众生产生活中遗存着大量的民间信仰、民间风俗、民间故事、农谚歌谣、俗语老话甚至地名文化、土特产制作技艺等民间文化。许多民间文化是在与之相适应的文化土壤中产生和存在的。如对于所在村落的山、水，当地人会寄托美好的愿景，赋予它灵气，因而口耳相传着美丽的民间故事和歌谣，千百年不息地传承。俗话说"一方水土养一方人""十里不同风，百里不同俗"，每个传统村落都具有它独特的个性,这与它的自然环境、生活族群的历史变迁有密切的关系。每个传统村落的独特的民间信仰、民间风俗,以至民间传说、歌谣、谚语、谜语、老话、生产技艺等,组成了绚丽多彩的民俗风情画卷。它既彰显中华民族文化的共性,又体现一乡一村的个性。这种民间文化拥有它原初的特性和独有的文化意义,扎根于它生存的土壤。它直接表达了传统村落的精神特质,是村落的灵魂所在。多姿多彩的传统村落之所以至今仍魅力四射,正是因为它们各自蕴藏着丰厚独特的民间文化。今天对传统村落保护的文化战略意义,就在于为千姿百态的民间文化留住生存空间,让它们有效地传承下去,从根本上保护这些古村落形态的整体性和文化的延续性。

对于传统村落民间文化的抢救工作,民间文艺界和知识界理应率先行动,形成文化自觉,敢于担当,对历史和民族负责。面对浩如烟海的民间文化珍藏,我们本次田野调查期间,团队全体人员下沉到民间去,深入田野间,深挖细掘,逐一记录梳理,精心搜集,细心整理民间文化中各种类型、各种民俗事象,尽可能全面、真实、客观、准确,形成系统科学的文献档案资料。特别是诸位主创,遍访中老年原住村民,不厌其烦,反复追寻,不疏不漏,对年岁特别大的村民进行抢救性口述记录。我们深知错过了重要的知情人、见证人,就错过了历史,有些文化信息可能会从此湮没、消失。我们在这次田野调查中,历尽艰辛,不仅遍访村中的长住居民,而且对迁居到邻村、城镇,甚至远走他乡的村民也进行追踪调查采录,这着实是抢救性的工程,当我们整理定稿出版时,有些当年被采访的老人已驾鹤西去,真乃"时不我待"啊!

民间文化的丰富性体现在传统村落里,民间文化的精华扎根于传统村落里，民间文化的多样性显示在传统村落里，民间文化的独特魅力展现在传统村落里。只有抢救保护好民间文化，传统村落的保护工作才能达到科学完美的目标。只有坚持物质文化遗产保护与非物质文化遗产保护有机结合，才能实现建筑特质、风土人情、传统习俗、传统技艺等的合理利用，活态传承。只有保护利用好民间文化，传统村落的可持续发展才能有更旺盛的生命力和感召力，才能更有效地推进传统村落的美丽乡村建设科学发展。

2018年，中共中央、国务院印发了《乡村振兴战略规划（2018—2022年）》，在《弘扬中华优秀传统文化》中明确提出："实施农耕文化传承保护工程，深入挖掘农耕文化中蕴含的优秀思想观念、人文精神、道德规范，充分发挥其在凝聚人心、教化群众、淳化民风中的重要作用。"传统村落的田野调查，正是农耕文化传承保护工程的必要和重要的一环。我们希望这18部《宁波传统村落田野调查》能为传统村落保护和发展，为乡村文化振兴和民间文化传承，提供有力支撑。为宁波文化强市建设展示优秀传统文化魅力，同时能推动更多珍贵的传统村落进行抢救性立档调查，以守护乡村的文化灵魂，延续乡土的文化血脉，强盛城市的文化根基，为乡村振兴和美丽中国建设做出新贡献。

戊戌酷暑于董山古村

目 录

调查实录

中国传统村落立档调查（文字）归档表 ········· 003

一、村落风貌 ········· 007
  （一）地理位置 ········· 009
  （二）历史沿革 ········· 010
  （三）民居布局 ········· 011

二、自然生态 ········· 013
  （一）山水特色 ········· 015
  （二）古树名木 ········· 015

三、生产生活 ········· 017
  （一）农业种植 ········· 019
  （二）当地特产 ········· 019
  （三）文化教育 ········· 020

四、物质文化遗产 ········· 023
  （一）民居建筑 ········· 025
  （二）古街、古庙、古桥等 ········· 029
  （三）风景名胜 ········· 032

五、非物质文化遗产 ········· 037
  （一）工艺技艺 ········· 039
  （二）民间文学 ········· 048

（三）宗姓家谱 ··· 056
六、诗文选录 ··· 065
　　（一）诗选 ··· 067
　　（二）文选 ··· 086
七、乡贤名士 ··· 089
　　（一）历代乡贤名士简介 ································· 091
　　（二）乡贤故事 ··· 099
　　（三）岩头籍寓居外地的知名人士 ······················· 105

图片档案

中国传统村落立档调查（图片）归档表 ··············· 111
　A　村落面貌 ··· 119
　B　历史见证 ··· 130
　C　物质文化遗产 ··· 137
　D　非物质文化遗产 ······································· 150
　E　民俗生活 ··· 151
　F　生产方式 ··· 170
　G　人物 ··· 178

附录：国家级传统村落岩头村立档调查人员名录 ······ 184

调查实录

一
二
三
四
五
六
七

— 村落风貌

— 自然生态

— 生产生活

— 物质文化遗产

— 非物质文化遗产

— 诗文选录

— 乡贤名士

中国传统村落立档调查（文字）归档表

村落名称：岩头村

所属省市乡（镇）：浙江省宁波市奉化区溪口镇

名录批次：第一批

名录之外：浙江省级历史文化名村

调查时间：2016 年 1 月

调查者：陈峰

登记时间：2016 年 1 月

编号	分项	内容	备注
1	年代	明代	—
2	形成原因	迁徙	—
3	类型	山区河谷	—
4	地质	岩头村位于华南褶皱系中的华夏褶皱带上，地表为侏罗统火山岩系，岩石类型为霏细斑岩、流纹斑岩和晶屑凝灰岩，质地坚硬。	—
5	自然面貌	岩头村位于奉化区西南山区，北距溪口镇 11 千米，地处东西略窄、南北狭长的溪谷盆地，环村皆山，山上终年苍翠，动植物资源丰富。岩溪自南向北穿村而过，在村北与石溪相汇流入班溪，山清水秀，自然环境优美。该地气候较平原地区稍冷，年平均温度 14.6℃，年降雨量 1580 毫米。	—
6	民族	汉族	—
7	姓氏	毛姓	—
8	人口	892 户，2426 人	—
9	生产	旅游业、农业	—

续 表

编号	分项	内容	备注
10	历史见证物	村口古香樟、岩溪枫杨树、《毛氏家谱》	—
11	物质文化遗产	元代文学家戴表元墓、"石泉"摩崖石刻、广济桥、钱潭庙、毛玉佩墓、毛邦初旧宅、毛福梅旧居、廿四间走马楼、毛思诚祖居、瑞房、三道闾门、中三院、下三院、灵泉古井、大成米店、祥丰南货店、永昌布店、金昌钱庄、德贤药房等。	—
12	非物质文化遗产	竹海飞人、翻簧竹器、竹筏制作技艺、竹器制作技艺、"抓痒耙"制作技艺、扫帚制作技艺、竹洗帚制作技艺、竹椅制作技艺、羊尾笋腌制技艺、笋卤头制作技艺。	—
13	自然遗产	狮子山、白象山、岩溪、古井灵泉、上坑龙潭	—
14	现状	岩头村自2006年被公布为浙江省级历史文化名村以后,围绕打造"民国第一村"和创建"国家AAA级旅游景区"的目标进行建设。岩头村沿岩溪两岸呈狭长形分布,总占地面积19.2平方千米,历史遗迹主要分布在与岩溪并行的东街、西街上,其中东街保存基本完整,原有状貌比较清晰,但两侧店铺大多已改建为住宅。西街改造较多,现代气息略显浓厚。	—
15	村落简介	岩头村位于奉化区西南山区,北距蒋氏故里溪口镇11千米。岩头灵岩多姿、清溪绕带,自然环境恬静而悠远。剡溪上游的南翼支流——岩溪,纵流南北,穿村而过;省道江拔公路支线经班溪直达村口。 岩头村始建于明洪武三年(1370),距今已有650年历史。全村892户人家,共2426人,几乎清一色为毛姓。岩头毛姓,源远流长、根深叶茂,可追溯到河南荥阳郡望。自溪口镇上路,约20分钟车程即抵该村。村口有广济古桥横跨澄碧的岩溪之上,古桥东堍有两棵树龄近400年的香樟,左右拱卫。这座古老的石拱桥素为岩头古村的标志性建筑。入村分东西两路,即岩溪两岸的东街和西街。清末民初形成的溪东街,至今保存完整,昔日风貌依旧。沿途有名人故居、特色祠庙和为数众多的清末民初风格的民居大宅,一一坐落其间,更有民国时期史迹遍布岩头村每个角落。由于地理位置相对偏僻,诸多传统民俗民风沿袭至今,显露着历史文化古村特有的魅力和风情。 为了保护岩头古村保存的格局风貌,避免丰富的文物资源遭受破坏,也为今后适度开发和利用古村历史文化创造先决条件,被确定了重点保护区和传统风貌协调区的范围。经多次调查和踏访,永宁桥与螺潭桥之间的岩溪两岸聚居区被确定为重点保护对象,尤以	—

续 表

编号	分项	内容	备注
15	村落简介	岩溪东岸的商贸古街——东街为重中之重。这个区域占地面积约0.2平方千米。传统风貌协调区为广济桥与永宁桥之间的岩溪两岸聚居区，尤以钱潭庙、毛邦初旧宅和广济桥等为重要保护点。这个区域的面积约0.1平方千米。由此构成岩头古村较为完整的各有侧重的保护网络。 　　重点保护的景点有戴表元墓、毛玉佩墓、"石泉"摩崖石刻、广济桥、毛邦初旧宅、钱潭庙、毛福梅旧居、廿四间走马楼、毛思诚祖居、瑞房、三道闾门、下三院和中三院共13处。	—
16	其他	—	—

宁波传统村落田野调查·岩头村

一 村落风貌

（一）地理位置

　　岩头村位于奉化区溪口镇的西南方向，距离溪口镇中心约 11 千米，是溪口镇所辖的行政村。行政区域面积为 4 平方千米，其中村落聚居区面积约 0.3 平方千米。目前，实居村内的有 892 户，2426 人，95% 为农业人口。山林面积 18500 亩，包括雷竹地、水蜜桃基地、杨梅林、毛竹山等。

　　岩溪南北走向穿村而过，四周群山环绕，形成了东西略窄、南北狭长的溪谷盆地地形。气候属亚热带季风性气候，四季分明，温和湿润，年均气温 14.6℃，降水量 1580 毫米，日照时数 1850 小时，无霜期 232 天，危害严重的自然灾害有台风、干旱、洪涝和寒潮。

　　自清代起，岩头村水路交通便十分繁忙。一张张竹筏顺着岩溪，出剡源过剡溪，一路漂到剡江畔的萧王庙古镇，再搭上夜航船，最远可抵达宁波。那年头，输出去的是竹、木、柴、炭等山货，运回来的是大米、食盐、棉布、药品等山民必需品。很长一段时期里，岩头村扮演着奉化西南山区出口通道和物资聚散中心的角色。从 20 世纪五六十年代起，日益发达的陆上交通结束了岩头村以水路交通为主要动脉的格局，古老的竹筏运输业渐渐式微，最终走向消亡。村北的筏埠依旧，可它毕竟成了一处"交通遗址"，默默诉说着往昔的繁盛和沧桑。如今，岩头村经六七千米长的公路支线，便与省道江拔线贯通，可西入新昌、嵊州，东出溪口、宁波。

　　至于村内道路交通，以依傍岩溪，平行伸延的东街、西街为主干道。灵秀的岩溪在村内流经 1300 多米，而世世代代的岩头人在溪两岸拓建了跟岩溪等长的古街。清末民初遗存下来的东街，建筑风貌依然，只是些许商铺不再开张，市声人气大不如前。东街显得太旧，但旧得温馨，旧得慰藉，旧得教人怀念祥和而美好的从前。隔溪的西街，新旧建筑并立，浮华的现代氛围与古旧的人文气息相互排斥，未免有点不伦不类，禁不住让人喟叹。村落之中，一条条小巷弄，与东街、西街垂直相交。巷弄深处遗落的，是一座座保存完整、至今仍不乏住家的三合院落。走街串巷地在岩头古村溜达一圈，不难发现岩头街巷布局分明呈规整的"非"字形。

（二）历史沿革

据史料记载，公元前900年左右，周文王因第八子姬郑食采于毛地，赐姓为毛，自此中国大地始有毛姓，毛叔郑（姬郑）即为毛姓鼻祖。

毛氏第五十九世孙毛元琼于南北朝梁武帝大同年间（535—546），从衢州迁居江山县石门镇清漾村，其后又有子孙迁往江西、湖南、福建和广东等地。2002年6月6日《上海晨报》刊登《毛泽东的祖籍在浙江》一文，其中提到江山清漾毛氏后裔一支迁湖南，另一支迁奉化。

毛氏第八十八世孙毛仁锵，原住江山石门一带，进士，官河南转运使。毛仁锵生三子：长子晃，大初，官礼部尚书，迁温州瑞安；次子昊，仲初，官通判，迁天台临海；三子旭，季初，唐末随父来庆元路（宁波府）上任时，在奉川游览了剡溪之源，见山清水秀、土厚地灵，遂卜居于此。毛旭定居奉化后，不忘祖先长住的江山石门村，于是移地托名，命名奉化的迁居地为石门村。毛旭成了江山毛氏迁居奉化的第一人。奉化石门和岩头共祀的宗祠，其门口对联是"江山衍派三千里，宋室开基八百年"。奉化毛氏始祖毛旭的第十四世孙毛宣义，于明洪武三年（1370）迁居到与石门毗邻的岩头村。毛宣义成为岩头毛氏的始祖。清光绪《奉化剡源乡志》载："岩头古无是名，明初始著。"即指此事。因此，浙江衢州毛氏—江山清漾毛氏—奉化石门毛氏—奉化岩头毛氏，乃一脉传承、血肉相连。

明清时期，岩头毛姓又沿着岩溪溯流南迁，形成多个以毛姓为主的自然村，使岩头村之南的毛姓不断繁衍。由于地域狭窄、耕田不足，自19世纪中叶起，许多岩头人被迫去上海、东南亚和西欧等地谋生，逐渐形成以外出经商为荣的风尚。据估算，目前仅在上海一地的岩头后裔，就达2万多人，散居在世界各地的华侨数以千计。

岩头村自宋景德三年（1006）至清末，一直属剡源乡。1920年以后一度称岩头镇，如今村内多处旧宅仍存当时的门牌。1925年，岩头称岩头市（市即镇与村之间的行政级别）。1930年，岩头改称岩溪。其实，因村头耸立狮子山、村内流淌着岩溪,历史上岩头有"狮岩""岩溪"这两个风雅的别称。又由于地处剡源古地前侧,岩头一带于1947年至1950年称剡前乡。自1950年10月起的40多年时间里,岩头为管理区、公社、乡等行政区的驻地,成为奉化西南山区的主要村集之一。1992年,撤区并乡后,岩头隶属班溪镇。2001年,行政区域调整后,撤班溪镇归属溪口镇,岩头便成了溪口镇辖下的一个行政村。

(三)民居布局

岩头村的东街、西街,商肆连绵,鳞次栉比:米店、肉铺、钱庄、理发店、中药房、南货店、咸货行、布庄店……应有尽有,买卖兴隆。如今保存完整的旧商铺老店号,仍有几十间之多,尤其是古旧的东街,可谓风貌依旧。一个地处山区、相对闭塞的古村,当年为何是商贸繁盛之地?这是今人的一个困惑。历史告诉我们两个主要成因。其一,岩头村向来建有筏埠,每天有十几条竹筏沿剡江往返于岩头与古镇萧王庙之间。那个时期,岩头村之南的万竹、大堰等地,由于东出县城受山高路险的横山山脉相阻,山民往往取道岩头,坐筏北出溪口达萧王庙,然后搭夜航船抵宁波。岩头村筏埠,送出去的是奉化西南山区盛产的毛竹、木材、柴爿和木炭等山货,运回来的是大米、食盐、棉布和药品等山区民众需要的日用品。因此,作为物资集散地的岩头村,自然商货云集,行旅不绝,流动人口较多。其二,100多年来,大量旅外的岩头人为赡养在乡的父母、接济贫困的亲友,每年皆有较丰的资金汇入岩头,很长一段时期内,岩头村是一个消费型的村落,较强的"内需"进一步促成了岩头村商贸的繁荣。清末民国初,浙东山区的村集多以自给自足的封闭型经济为主,像岩头村这般商品交换频繁、商业贸易发达的山乡村集,少而又少。

岩头村内,建于清末民初、以三合院居多的古民宅为数较丰,且保存完整。这得益于岩头村的一个良好风尚——岩头旅外经商发迹人士还乡后往往乐做二事:一是反哺教育,鼓励子弟读书上进;二是大兴土木,营建院宅,以期光耀祖庭、昭示后者。村中随处可见的马头墙,不仅在南方民居密集处具有隔火挡风之功效,还以其崇高峻峭之韵味,表达出主人节节高升的期望。更难能可贵的是，一座座完整清净的院落至今依然老少咸集、融融一堂，充溢着人间的温情。它们向现代人全面完整地展示着古民宅的魅力，以及原版的人文空间。

岩头村还有颇为奇妙的形状——村民毛姓，而村落脉络骨架恰恰是一个硕大无朋的"毛"字，这一"毛"字正由村内的三桥一水写就。从岩头村的高处眺望，村子最南端的螺潭桥正处溪道打弯处，桥身顺势呈东北—西南走向，且非常规的东西横跨。无形间，螺潭桥活像"毛"字开笔的一撇。已有年头的大兴桥和永宁桥两座老桥，分别是"毛"字的第一横和第二横。从南向北流淌的岩溪之水，穿越三桥之后，渐渐拐弯向西，勾勒出一个美丽的弧度，就如"毛"字的折钩。至于村北端（习惯上称村口）的广济古桥，有人称它是岩头这只"大摇篮"的底盘，又有人将它比喻成"大毛字"最后的金钩子。

宁波传统村落田野调查·岩头村

二 自然生态

（一）山水特色

岩头村地处四明山脉与天台山脉交会处，地理风貌独特。它以岩头之南界岭为分水岭，北水归于发源四明山脉的剡溪，南水汇于发源天台山脉的县江。岩头村之山玲珑多姿，肖动物形状的孤山比比皆是，它们具有较高的观赏价值。闻名浙东的"班溪漂流"向世人展示了风光无限的岩头山水，更多的原生态自然景观则有待开发和利用。

岩头村由狮子山、白象山、牛路岗、化岩山、西峰山和后门山等海拔两三百米高的山丘簇拥环抱。诸山终年苍翠，宛若案几盆景，玲珑秀气。由此，形成了岩头村东西略窄、南北狭长的溪谷盆地型整体格局，仿佛一只巨大的摇篮。岩头村的祖祖辈辈在这只天造地设的大摇篮之中繁衍生息。岩头环村皆山，唯最北的村口是狮子山与白象山对峙而出的一处逼仄的山阙，仅容岩溪悠悠出村北注。这种山形水势，顺应了我国古代风水堪舆所指的"围而不塞""藏风得水"，十分适宜人类生存繁衍、休养生息。

（二）古树名木

岩头村自古森林茂密，多古松、古樟和古枫，往昔为宁波乡间木炭、柴爿的主产地之一。近50年来，尤其是20世纪70年代，森林资源遭受严重的人为破坏。自20世纪80年代起，遗存的森林得到很好的保护，并相继发展了大批经济林木，自然生态环境日趋优化。村口广济桥东堍，尚有两人合抱大的香樟2棵，树龄均近400年，已被奉化区人民政府公布为古树名木。历史上，岩溪两岸多植枫杨树，形成了以枫杨为主要树种的滩林景观。近几十年，枫杨数量锐减，呈零星状散布溪岸。岩头村东街南首、下闾门外的岩溪边，遗存着相邻而生的4棵古枫杨，皆三人合抱之粗，它们的树龄已逾200年。

宁波传统村落田野调查·岩头村

三 生产生活

（一）农业种植

　　岩头村村民以种植水稻和山林竹木为主要收入来源。20世纪70年代，山林破坏严重，古树名木锐减。80年代后，岩头村致力发展经济林木，既提高了村民收入，又使自然生态逐步得到恢复。如今，全村有杨梅120亩、水蜜桃350亩、雷竹2000亩、毛竹780亩。梅林、桃园、竹海，绿意盈盈、果香阵阵，点缀于古村周遭的青山绿水之间。目前，村中无污染严重的工业企业，重点发展了污染程度极低的五金加工企业40余家，它们成为村民致富奔小康的新收入来源。历史还告诉我们一个特殊现象：在外人士众多的岩头村，20世纪50年代至70年代，曾是奉化全县外汇最丰的村子之一。

　　近几年，岩头村将未来发展方向瞄准在旅游业上。岩头村历史遗存丰富，自然环境独特，人文资源潜力无限，又紧邻溪口国家级风景名胜区。因此，岩头村很有条件发展成为溪口风景区南翼一处极有张力和看头的新景点。切实保护好岩头古村现存的历史、文化和自然资源，是上述美好发展前景得以实现的一个先决条件。只有做到这一点，然后才有可能予以发掘和利用。庆幸的是，当地政府和群众已经认识到这一点，并展开了诸多前期工作。

（二）当地特产

　　岩头村的特产主要有杨梅、羊尾笋、雷笋、大毛竹和水蜜桃。岩头村家家户户栽杨梅，全村拥有3000多株杨梅树。岩头村杨梅肉质坚实，耐于储运，汁水丰富，甜中带酸，异常爽口。岩头村和相邻的跸驻村自古盛产羊尾笋，早年饮誉上海、宁波等地。羊尾笋由龙须笋鲜笋掺盐，经长时间煎煮而成。它清白黄亮、鲜嫩可口、风味独特，因形似羊尾巴而得名。这品山乡特有的夏令佳肴，具有久耐储藏的特性，至今仍被视为适宜馈赠亲友的一种山乡特产。岩头村石门一带翠竹连绵，素以"浙东竹库"声名远播。这里出产的大毛竹，俗称"大毛筒"。1958年，毛竹生产现场会议在此举行，并选送了一株"竹王"——长24米、眉围约56厘米、重250斤的"奉化大毛筒"，在北京农业展览馆展出，曾引起轰动。

（三）文化教育

岩头村人杰地灵，素以礼仪之乡、重学之地著称于浙东山区。明清时期，这里出过文、武举人和为数甚众的秀才。清末最盛时，一村之中竟设有七八家私塾。清嘉庆年间，岩头村诸生毛玉佩酷爱书法，善作七尺见方擘窠大字，曾驻迹姑苏，求书者如云，书艺号称"江浙之冠"。清光绪二十七年（1901）冬，岩头"祥丰南货号"老板毛鼎和幼女毛福梅与溪口镇少年蒋介石结婚。蒋介石因为娶岩头姑娘为发妻，又在岩头毛思诚开设的学馆读过书，所以对岩头人备感亲切。蒋介石发迹成名后，提拔重用了很多岩头姻亲，仅国民党将级高官就有6名之多。同时，在民国前后，岩头村重教兴学之风依旧，培养了一大批追求进步的知识分子。他们走出古村，走向更广阔的天地，其中不乏投身辛亥革命者、参与"反袁倒段"者、组织农民运动者、奔赴抗日战场者……在各个时期推动着历史前进和民族中兴。新中国成立后，散居于海内外的岩头毛家子弟涌现出数十名教授、专家、高工、博士和实业家。他们心系故园，依旧眷恋着浙东山区这个梦中的古村。

岩头村是一个重教兴学、人文鼎盛的文化古村。时至今日，许多古宅的厅堂里悬挂着一张张当年的捷报，历历可辨。作为书香之地，历史上岩头村的街头曾悬挂着一只只"惜字箩"，路人见有字纸遗地，从不轻易踩踏，自觉放入"惜字箩"集中处置。据史料记载，早在元末明初，岩头村一带开奉化全县造纸之先河，已经"建槽造纸"。

岩头村地处山乡，岁时习俗、礼仪习俗和生活习俗基本沿袭了清末民初之风。春节、元宵节期间，依旧盛行龙舞"盘龙灯"、马灯舞"跑马灯"等节庆活动。当年，筏业工会组织的"十八节老龙"，串行灵活、盘动自如，曾名震一时。

生活习俗中的饮食习俗，仍保持着浙东山乡独有的传统风味，尤以腌制的竹笋和雪里蕻菜、烤制的羊尾笋和晒制的嫩笋干等传统菜肴最为外人所称道。

宁波传统村落田野调查·岩头村

四 物质文化遗产

（一）民居建筑

自北边村口广济桥溯溪而上，岩溪两岸成片集中分布着大量清代、民国时期的各类建筑，如民居、古庙、商铺等。村外山地分布有戴表元墓、毛玉佩墓、白象山摩崖石刻等文物点。

1. 毛邦初旧宅

毛邦初旧宅位于岩头村北面，据调查，由毛邦初之父毛家来于1931年出资建造。毛邦初（1904—1987），别号信诚，岩头村人，黄埔军校第三期步兵科毕业，历任航空学校校长、空军总司令部副总指挥、国民政府参谋本部空军司令部副总司令等职。旧宅名"慰望庐"，新中国成立后归岩头乡政府办公所用，现为岩头村村委会办公楼。旧宅坐西朝东，占地面积1024.1平方米，一正两厢三合院式，均为两层楼房，硬山造。北厢房山墙设大门，青砖清水砌筑，仿西洋式，顶部呈花瓣状，槛框为青石质地。正屋面宽三开间，明间为敞堂，梁架七柱九檩，次间两侧设楼梯。前后均出廊，一步架。厢房五开间。偏屋位于正屋之后，两层，面宽五开间二弄，与厢房之间有廊相连。

该建筑虽整体形制比较简洁，但单体建筑之间有回廊相通，连成一体，为典型的民国时期中西合璧式建筑，且人文内涵丰富，故文物价值较高。2010年被公布为奉化市文物保护单位。

2. 毛福梅旧居

毛福梅旧居位于岩头村西街南段，由蒋介石发妻毛福梅的父亲建造。毛福梅小时居于此，系晚清建筑，俗称"下三份"。该建筑坐北朝南，占地面积738.8平方米，三合院式。东厢房山墙设大门，青石槛框，门额三窗堆塑，在"文革"时被毁，现修复。中窗写有楷书"素居"两字，边窗绘花卉纹，为20世纪

90年代拍电视剧时模仿溪口蒋氏故居丰镐房而作。正屋、厢房均两层，设上下檐，硬山造，正屋面宽三开间二弄，明间为敞堂，梁架穿斗式，宽檐廊。天井前施照壁，上部饰彩绘三窗，有人物和亭台楼阁等，局部有些许剥落。厢房面宽五开间二弄。

该建筑虽规模不大，但施五马头封火墙，花格窗雕饰冰梅纹和蝙蝠纹，正屋与厢房有回廊相通，制作比较考究，且毛福梅为蒋介石发妻，使此宅有了一定的人文内涵，故文物价值较高。2007年2月被公布为奉化市文物保护点。

3. 毛思诚祖居和旧居

毛思诚祖居位于岩头村东街中段，属清晚期建筑。因毛思诚祖辈、父辈经营顺昌南货店，故称"顺昌"，又因建造时大门口有两块元宝状奇石，也叫"元宝闾门"。该建筑坐北朝南，占地面积646.2平方米，三合院式，有前厅和后堂，前厅左右设厢房。头门位于建筑南侧，朝西，青石槛框，两侧施两道扇面墙，外置八级青石台阶，颇有气势。二门位于南围墙正中，砖石槛框，制作简单。第一进前厅面宽五开间，明间为厅，梁架穿斗式，前出廊，一步架。厢房面宽一间一弄。第二进后堂面宽与前厅相同，进深略浅，明间为堂，梁架亦穿斗式，宽檐廊，天井两侧与前进之间设廊。其中，东侧有便门通后山毛思诚所开设的私塾，1902年少年蒋介石曾在此就读，师从毛思诚。偏屋位于头门内南侧，南北向，中为天井。祖居虽已破败，但格局尚存，且富有人文内涵，故有一定的研究价值。

紧靠毛思诚祖居后进两侧临街的三层楼房，由民国初年毛思诚本人出资营造。为与相连的毛思诚祖居"元宝闾门"相区别，今人称这幢三层楼房为"毛思诚故居"。毛思诚（1873—1940），岩头村人，初试中秀才，光绪二十五年（1899）在祖居顺昌旁后山设私塾蒙训子弟。1902年，授蒋介石圈点《纲鉴》，师生颇相得。后在县立龙津学堂、宁波府中学堂、衢州省立第八师范学校等执教。旧居坐东朝西，占地面积103.7平方米，临街而建，为单檐硬山顶三层楼房，面宽三开间，梁架六柱九檩。一层为毛思诚父亲开设的顺昌南货店，二层为其书房。二层南侧有小门与祖居相通。

故居采用传统手法建造，但细部已融入西洋建筑风格，为中西合璧式建筑，且富有人文内涵，故有一定的价值。

4. 毛景彪故居

毛景彪故居位于岩头村东街北段，属清晚期建筑。毛景彪（1912—1961），岩头村人，1941年任国民党第十集团军参谋长，为副司令俞济时助手。1948年5月任南京总统府军务局副局长，同年6月调任国防部第一厅厅长。1949年去台湾，1961年病逝于台湾。故居为毛景彪幼年居住地。

该建筑坐东朝西，占地面积606.5平方米，一正两厢三合院式，均两层，设上下檐，硬山造。大门位于北偏屋山墙，砖石槛框，制作简单。正屋面宽七开间，明间为敞堂，梁架穿斗式，宽檐廊。厢房面宽二间一弄，前亦设廊。该建筑虽规模较小，制作简单，但其格局规整，且有一定的人文内涵，故有一定的价值。

5. 上三份第

上三份第该建筑位于岩头村西街南段，属晚清建筑，坐北朝南，占地面积998.4平方米，三合院式，由一正两厢组成，均两层，设上下檐，硬山造。东厢房前廊山墙设大门，仿牌楼式，青石槛框，外置二级垂带踏跺。门额多线脚出檐，中饰堆塑三窗，上所刻内容被涂抹。正屋面宽七开间二走弄，明间为敞堂，梁架穿斗式，宽檐廊。厢房面宽二间一弄，前亦设廊。东偏屋存五间，西偏屋已倒塌。北偏屋位于正屋之后，面宽与正屋对称，其中东首一间已坍塌。

该建筑虽已显破败，但主体建筑保存尚好，且其格扇窗大多保存完好，雀替雕饰蝙蝠纹，为该建筑精华之所在，有一定的艺术价值。

6. 三道阊门

三道阊门该建筑位于岩头村东街，建于清道光年间，民国时期曾出过黄埔军校三期生。建筑坐西朝东，占地面积433.6平方米，三合院式，北厢房为门厅，大门朝北，仿牌楼式，外置扇面墙，青石基座，门额所书之字已模糊不清，边框堆塑鱼纹、灵芝纹等。门厅内以柱子为界设三道门，故称三道阊门，现中门尚存。正屋、两厢均两层，设上下檐，硬山造，正屋面宽五间二弄，明间为敞堂，梁架穿斗式，施八扇格扇门。厢房南北各一间。

该建筑虽规模较小，但敞堂格扇门雕刻精美，所施砖花窗上饰钱币、花卉纹，围墙压顶下绘制山水、亭台楼阁等，相当精细，有一定的艺术价值。

7. 瑞 房

瑞房位于溪口镇岩头村东街南段，建于清道光年间，相传该宅曾出过武举人，并获五品军功。建筑坐北朝南，占地面积922.1平方米，一正两厢三合院式，均两层，设上下檐，硬山造。大门位于西厢房南山墙，仿牌楼式，青石槛框，门楣雀替正面雕刻剑纹，内侧雕饰花卉纹。门额堆塑均被铲。正屋面宽七开间二弄，明间为敞堂，梁架穿斗式，施八扇格扇门。前隔天井为照墙，东侧施五马头封火墙。厢房面宽二开间一弄。西偏屋为平房，东偏屋为民国时添建，为单檐两层楼房，六间一弄，中以弄为界分南北两部分，成为相对独立的两个院落，各设便门相通。

瑞房格局保存基本完整，制作较为考究，尤其是敞堂格扇门所残存的雕刻，刀法细腻，人物造型生动，艺术价值较高。

8. 登科闾门

登科闾门该建筑位于岩头村北段，建于清代中晚期。建筑坐东朝西，占地面积651.4平方米，一正两厢三合院式，均两层，设上下檐，硬山造。西围墙外建偏屋，其北首一间为门厅，外施扇面墙，青石基座。正屋面宽七开间，明间为敞堂，梁架穿斗式，宽檐廊。厢房面宽二间一弄。偏屋面宽七开间，南北厢房前廊有便门与之相通，北首一间为门厅。

登科闾门虽制作较为简单，整个建筑素面无任何雕饰，但格局保存基本完整，且年代久远，故有一定的价值。

（二）古街、古庙、古桥等

1. 老 街

老街位于溪口镇岩头村，分东街、西街，清末民国初为商贸繁盛之地。一是因为岩头有筏埠，有竹筏通萧王庙，可再搭船抵宁波，故西南山区盛产的毛竹、木材、柴爿和木炭等山货由此运出，再运回大米、食盐、药品、布等日用品，使岩头村成为物资集散地。二是因为旅外岩头村人为赡养父母、接济亲友，每年有较丰的资金汇入，促进了岩头村商贸的繁荣。东、西街地处岩溪两岸，现西街大多被改造，东街则基本保持了原貌。街宽度仅2米余，长度达1100米。街两侧现存完整的旧商铺老店号有20余家，均为单檐两层楼房，基本格局为楼上住人，楼下开店，有大成米店、顺昌南货店、永昌布店、金昌钱庄、德贤药房、洽大碗贳店等，现均为居民住宅。与街垂直相交的条条小巷弄里，有瑞房、毛思诚祖居、中三院等保存完整的古院落。

老街是岩头村作为清末民初浙东山区腹地、商贸繁盛之地的重要佐证，有较高的研究价值。

2. 钱潭庙

钱潭庙位于岩头村村口白象山"鼻端"中，光绪《奉化县志》记载："钱潭庙县西六十五里岩头。"庙无神名，似祀土谷之神。始建年代较早，现存建筑应为清中期重修之物。该建筑坐西朝东，占地面积406.6平方米，依山势而建，前后两进。前进山门面宽三开间，重檐硬山造，明间梁架三柱七檩，六架抬梁（减后金柱）带前单步，次间设中柱。一层前设廊，前檐柱上设柱头科。后进大殿面宽亦三开间，歇山顶，明间梁架四柱七檩，五架抬梁前后单步。次间仅用一根曲木连接。北厢房歇山顶，面宽四间。

钱潭庙虽规模小，但其依山势而建，格局比较独特，且其梁嘴雕饰卷草纹，瓜柱呈鹰嘴状，柱础有鼓式、素覆盆式，具有典型的清早中期建筑特色，有一定的历史价值。2007年2月被公布为奉化市文物保护点。

3. 广济桥

广济桥位于岩头村村口。据口碑调查，该桥为清晚期由岩头村著名能工巧匠毛和泰父子建造，距今100多年。据说，毛和泰曾参加过南京中山陵的建筑施工。该桥为单孔石拱桥，东西向横跨于岩溪上。桥全长19.31米，桥面宽5.05米，净跨14米，拱券横联并列砌筑，矢高5.6米。桥面由卵石铺就，正中嵌边长为0.87米的正方形青石板一块，上雕饰荷花纹，因风化已模糊不清。桥两侧施实体青石栏板，以望柱相隔，柱头雕饰蹲狮和仰莲。桥栏两头雕刻卷草纹，桥面正中南侧栏板上阴刻"广济桥"三字。

广济桥虽体量小，制作简单，但其与东首的两棵古樟和不远处的"石泉"摩崖石刻互相辉映，组成岩头村的村口景观，有一定的价值。2005年被公布为奉化市文物保护点。

4. 灵泉古井

灵泉古井位于溪口镇岩头村东街中段东侧，因其状如潭，俗称"大井潭"。历史上，岩头村是奉化西南山区出口通道和物资集散中心，而东街又是其最繁华的地段。古井地处东街，井水夏凉冬暖，清洌甘甜，常年不竭，供过往行人饮用，备受赞叹。古井分里井和外井，相隔1.5米，均为半敞开式，东、南、西三面井壁由卵石垒砌，北侧铺一长条石。里井供饮用，呈半圆形，直径2.04米；外井供洗涤，呈长方形，长1.1米，宽0.95米。两井上覆长条石，上为居民墙基。

灵泉井造型独特，为岩头古村的新"狮岩八景"之一，有一定的价值。

5. 戴表元墓

戴表元墓位于岩头村三石岭南麓，筑于元至大四年（1311）。该墓坐南朝北，依山而筑，为石砌土堆墓，直径3.4米，高1.6米。墓碣横向，刻"戴剡源先生之墓",上款刻"至大辛亥三月丁酉日",下款辨识不清。两旁有望柱连抱鼓石的石刻各一。此墓已有700多年,至今保存完好。1987年被公布为奉化县文物保护单位。

戴表元（1244—1310），元代文学家,字帅初,一字曾伯,奉化榆林人,南宋咸淳年间中第十名进士,任建康府（今南京）教授。但好景不长,不久,南宋灭亡。他回到家乡,一面学种桑麻,躬耕田园,自食其力,一面孜孜不倦地从事创作。元大德八年（1304）,朝廷任命他为江西信州教授。后调任婺州教授。因精力不济而回故里,不久病逝。戴表元有感于宋末文章之陋,慨然以振起斯文为己任。其文清深雅洁,蓄而始发,四方人士争相师法,为至元、大德年间东南文章大家第一人,人称"江南夫子"。宋濂于元人中推之独至。关于他的著作,明初史馆曾刊有《剡源集》28卷,清《四库全书》中有选本,现存《剡源集》30卷。

6. 毛玉佩墓

毛玉佩墓在岩头村北,斧头山腰,石砌土堆墓,径5米,高3.5米,坟圈用大块石砌成。石碑高0.43米,阔1.72米。碑上左刻知县唐润书"众香国"三个大字,中刻王麟飞撰的小叙,说明"众香国"的涵义。右为石台老人（毛玉佩号）自己题词。碑式别具一格。

墓依山而建,坐北朝南,地甚开阔。上拜坛进深11.5米,阔4.1米,拜坛前墈石条上有"此处还容我"五个大字,亦石台老人自书。下拜坛进深3.7米,阔10米,半圆形。前墈高3米许。再前为斜坡,坡上离拜坛三四米处有两块巨石:一块长方形,上刻"全归"两个大字,下款"后学赵昇敬书";一块呈不规则形,上刻"偕老石"三字。再前数米处为外坟圈,高1米。右首角上有一进口处,阔1.8米,右侧石条上有"墓门"两大字,有"得书法之道,全山林之真"对联,下有"教谕顾汉题"落款。碑右前方又有一块斜形岩石,也刻"墓门"两字,落款为"表侄王麟飞谨书"。毛玉佩为地方名人,其墓多名人题字及书法,故有一定的人文、艺术价值,现为奉化区文物保护点。

毛玉佩,字孟迁,号石台,又号伴我山民,奉化岩头人,系清嘉庆、道光年间著名书法家,喜写擘窠大字,名扬江浙,一生慷慨挥毫,留下墨迹甚多。1832年,其独子夭折,孑然无靠,晚景凄凉,73岁辞世。

7. "石泉"摩崖石刻

"石泉"摩崖该石刻位于岩头村口白象山东麓山脚的岩石上,为"石泉"两字,字高90厘米,宽55厘米,行书,阴刻,落款"石台",两字高7厘米,宽9厘米。字为岩头村人清嘉庆、道光年间两浙书法家毛玉佩所书,石台即为毛玉佩的号。字体量大,属擘窠大字,字体丰润,结构匀称,是研究毛玉佩书法的重要实物资料。且字被刻于高2.5米、宽3米的大岩石上,涂以红漆,辉映于青山碧水之间,成为岩头村一道亮丽的人文景观。2003年被公布为奉化市文物保护点。

(三)风景名胜

岩头村一带山川秀美、史迹纷呈,代有文人雅士慕名前来览胜探幽。他们借景发挥,多有唱酬,有籍可阅的诗文杂咏就达50多首(篇),并由此形成了"狮岩八景"之说。到清末,又有一批耽乐山水的文人雅士,以旧八景犹未言尽岩头形胜之由,重新列举了新"狮岩八景"。所谓旧"狮岩八景",即日月并参、狮象对踞、东岭松涛、西峰竹浪、独山环翠、曲涧流清、仙洞云飞和钱潭雨施。而新"狮岩八景"则指狮岩吼涛、古井灵泉、灵岩滴水、双桥偃月、孤寺栖云、奔马曳缰、骊龙戏珠和惊蛇出峡。新旧八景两者虽有复指,但也有十二三处。民国时期,这些景观大多仍存。至当代,仅六七处风貌一如往昔,余皆自然湮灭或遭人为破坏。如今,除新旧八景之外,又有一批风景名胜为人所津津乐道。现选录当下"健在"的岩头十一处景观,简约描述。

1. 独山环翠

岩头北部村外,有一座孤标独立的山丘称作独山。此山经年岚环翠披,自成一景。颇有意味的是,因独山山口朝外,村人把那些离开岩头就抛弃故里的无情郎斥为"独山朝外,数典忘祖"。它时刻提醒外出谋生的人们,无论你走到哪里，走得多远，断然不可忘却自己的根本。绝大多数外出的人铭记着故乡人的这句忠告，年年有人来到岩头村这块魂牵梦萦的土地，或探亲访故，或查谱寻根。

2. 狮象对跱

岩头北部村口有两山夹峙：一座叫狮子山，形同一只蹲伏的眠狮；另一座称白象山，状如一头鼻子横伸吸水的白象。多少年来，天造地设、惟妙惟肖的"狮子""白象"一直镇守着古村岩头。这个奇观令许多初到岩头村的游人叹为观止、竞相欣赏。

狮子山的尾部有一道山脊，酷肖狮子尾巴，乡人叫作"狮股平"。其上植有几十株千年虬松。遇风吹松林，仿佛狮摇尾巴；若风烈松摇，林涛之声宛如撼山狮吼。这个景观便是旧八景之一的"东岭松涛"。只可惜，1956年那场大台风摧毁了这片古松林，从此风光不再。

3. 乌龟石奇

"乌龟石奇"景观位于村内永宁桥与大兴桥之间的溪床中央，为奇岩胜景。站在岸边一眼望去，溪中有一只坚硬的由石英砂岩构成的"大乌龟"，再细看它的前后左右，皆是交头接尾的数十只"小乌龟"。大小"乌龟"集群亮相，它们各呈奇姿、妙趣横生，令人叹绝！溪水浅时，游人尽可涉足"龟背"，信步其上；溪水盛时，"小乌龟"们便时隐时现，随波泛游，而"大乌龟"则显露出"清泉石上流"的意境。历经千百年的流水冲刷，"乌龟"石纹理如肌、风骨铮铮，默默传递出奇石的永恒之美和阳刚之气。时常可见丹青手身背画夹，流连其中。

4. 双桥偃月

岩头村的中心地带，有上下两座古朴典雅的平桥——大兴桥和永宁桥。乡人在茶余饭后，常悠坐桥上。每当盛夏暑天，乡人们喜欢聚集在桥头乘风纳凉，更有逍遥自在者彻夜睡于桥上而忘归。夜幕下，天上明月倒映在桥下澄净的溪面上，水月同辉，景色迷离；月圆月缺，各有其妙，每每令人生发无限感慨和遐思。"双桥偃月"至今仍被公认为岩头古村最出彩的夜景。

5. 古井灵泉

岩头村东街路边有里外双井，古称灵泉井，今称"大井潭"。里井饮用，外井浣洗。古井之水夏寒冬暖，清冽甘甜，常年不竭。这处水脉神奇的古井，天越旱，井水却越满越清。历史上，这里曾是岩头村最繁华的地段，人来人往，周遭环境相对较为杂乱，但它总是"有灵不染人间秽"，永葆那份纯真和洁净。蒋介石也曾对这口古井大加赞赏："奉化千丈岩，溪口憩水桥，要说水最好，岩头大井潭！"

6. 布袋化岩

五代时期的布袋和尚，曾多次云游溪口雪窦寺和剡源一带的各处风景名胜。相传岩头村南的化岩山，布袋和尚在此留有遗迹。据说有一年，一只三脚虎时常出没于岩头村一带伤害百姓，布袋和尚闻讯后赶了过来，最后以他那只布袋诱捕到这只害人的老虎。此后，这里留下了一堵陡峭的岩崖和一个布袋模样的岩洞，后人疑是布袋和尚的演化岩。

7. 和尚救女

岩头村西南的大王肚山顶有一大一小酷似人影的岩石，村人称之为"大头和尚背小娘"。传说岩头村常被大水淹没，有个大和尚时常来救人。有一次，他从大水中救出了一个姑娘，背着上山暂且将她安置于半山腰，又忙着去救人。被大头和尚相救的姑娘，后来成了清风殿的主人，世人称她为"清风娘娘"，也叫她"送子娘娘"。

8. 骊龙戏珠

岩头村东南有龙头山和夜明珠山隔溪相对,就像一条蛟龙将夜明珠自如吞吐,忘情戏耍似的,形象十分传神。2000年,夜明珠山麓兴建了水力发电站,千年夜明珠真的大放异彩了。

9. 上坑龙潭

南出岩头村1千米,往西拐入一条人迹罕至的石径山道,其内是一个曲折幽深的溪谷,有小溪奔流而出。沿途山鸟啁啾,溪声似琴,雷竹丛生,桃园处处,山野趣味令人陶醉。溪谷尽头,景色陡变。但见三面峭壁如屏,光滑洁净,一道涧水自七八米高的崖顶喷珠溅玉,款款落泻。涧流之下便是上下相连的两个天然石潭,碧水清澄,四季不涸。这儿自古被称作"上坑龙潭",乃先人请龙祈雨之所。经测定,上坑龙潭水质超群,可以直接饮用。岩头村的自来水就在此接口。盛夏时节,清幽的上坑龙潭凉气弥漫,游人入此境,大有离尘脱俗之感,往往乐而忘返。

10. 瓦螺栖滩

"瓦螺栖滩"景观即岩头村落南端、岩溪之湄的瓦螺山。此山形如一只无与伦比的大瓦螺,栖息于岩溪东岸滩头,形象十分逼真,就连一道道盘旋螺纹,也依稀可辨,呈现出"瓦螺倒影岩溪清"的清丽幽美的景致。

郭沫若当年畅游漓江时,对螺蛳山大加赞赏:"青螺负雨压长河!"也有今人评说:"岩溪瓦螺山颇得漓江螺蛳山的几分神韵。"民国时期瓦螺山附近有水心亭等赏景建筑,过溪的平桥,故名"螺潭桥"。古桥上侧、瓦螺山麓的那处幽潭,现为"班溪漂流"的终点站。

11. 班溪漂流

近几年,在岩溪上发展起来的水上旅游项目——班溪漂流,已成为宁波一带漂流首选地。它起于岩头村东南的东坑，止于岩头村南的螺潭桥，全程3千米。当年班溪漂流立项申报时，岩头村隶属班溪镇，且岩溪下游叫班溪（又称岩头江），故定名"班溪漂流"。准确而言，"班溪漂流"实则"岩溪漂流"。

坐皮筏在岩溪上漂流，时而溪流湍急，筏行如箭；时而波平似镜，悠然而漂；偶有落差较大的闸口，则筏倾人倒，惊险刺激。赏山玩水，历经2个小时左右，待弃筏上岸，激情依旧难抑，精神为之振奋。

宁波传统村落田野调查·岩头村

五 非物质文化遗产

（一）工艺技艺

1. 民间工艺

翻簧竹器制作技艺

多竹的岩头村，竹制品随处可见。其中，最负盛名的是翻簧竹器，如收藏于溪口博物馆的小屏风、金币盒等。

翻簧竹器是将新鲜大毛竹去节剥青，取其竹簧，加热后压平，再经造型、细刻、彩绘、镂空、浮雕、油漆等工序而成的传统工艺品。其主要分布于奉化县城（现锦屏、岳林街道）、溪口镇岩头、萧王庙街道棠云等地。

据传，奉化翻簧竹器在清代中叶就已出现。民国时期，奉化翻簧竹器与东阳木雕、青田石雕合称"浙江三雕"。1915年，艺人俞啸霞制作的翻簧竹刻制品《虾屏》，在旧金山参加巴拿马太平洋博览会展出并获奖。其间，奉化翻簧竹器艺人层出不穷，合力扛鼎。如大桥西岸绰号"金黑炭"的艺人，擅雕鱼蟹，当地有"金家金黑炭、雕雕老毛蟹"（蟹，方言读如 hǎi）之谚。20世纪30年代初，奉化县城有"挹素斋"等专业翻簧竹器店4家，另有奉化孤儿院与贫民习业所开设的竹帛课，进行翻簧竹器生产。这些产品销往上海，甚至远及美国等地。1941年，奉化县城沦陷后，翻簧竹器产业相继停顿，至1948年仅存"挹素斋"一家。

新中国成立后，政府对翻簧竹器相当重视。1953年，当地成立县竹业合作小组。1956年，成立翻簧竹器生产合作社。此时，江西和宁波的工艺美术厂、宁波市劳改农场、鄞县云龙等地派人前来学习技术。1957年，黄孝均创制的《蟹屏》参加全国工艺美展。俞贵升制作的花瓶在北京人民大会堂浙江厅陈列时，前国家主席刘少奇将该花瓶作为出访印度尼西亚的礼品。1960年，当地成立县翻簧竹器厂，产品销往海外和全国各地，并有多种珍品被宁波博物馆收藏。1968年，奉化工艺美术厂创作的《毛主席接见红卫兵》的翻簧竹艺屏风被选送北京向国庆献礼，并参加展出。与此同时，翻簧竹器在制作工艺上不断推陈出新，突破了竹簧质地硬脆、不能弯曲、特种造型比较困难的缺陷，运用多块竹簧拼接的办法，改变了简单的直线造型，制成各种几何形状的工艺品，表现力大大增强。这一时期，翻簧竹器还改进胶合材料，采用高温压制等新工艺，较好地解决了起皮、开裂、防虫、防霉等问题。雕刻技法上，除了传统的阴刻，还创造了镂雕、浮雕、镶嵌、烙画、着色、彩绘、压烫、腐蚀等方法。1988年，奉化翻簧竹器入编《中国工艺美术大辞典》（江苏美术出版社）。1990年前后，翻簧竹器厂因多种原因停产倒闭，大批量的翻簧竹器生产就此中断。

奉化翻簧竹器有上百个品种，如香篮（烧香用）、考篮（赴考用）、幢篮（祭祀用）、套篮、镜箱、花瓶、台灯、棋盘、茶盒、果盒、首饰盒、笔盒、书套、屏风和动物玩具等。这些竹器刻人物、山水、花鸟或书法，融观赏与实用于一体，深受海内外人士欢迎。

翻簧竹器制作时，需选取新鲜大毛竹，去除节门和青皮，取里层2毫米厚的竹簧，水煮后压平，用胶将其胶合在木板或竹片制成的半成品上。拼接时，要做到天衣无缝。刨光成形后，再施雕刻或绘画装饰工艺。由于翻簧色彩自然洁净，嫩黄如同象牙，再经喷漆上蜡，更显得鲜艳悦目，可与玉雕、漆器媲美。

翻簧竹器多在很薄的竹簧表面进行雕刻，故以阴纹浅刻为主，亦有施以薄雕的。雕刻技法上，艺人们借鉴国画白描等手法，运用传统的单线阴刻技法，疏密有致，刚柔相济，精细处如走丝，粗犷处似劈斧，在象牙色的竹簧上更显清新、雅致。雕刻的作品，既有中国画传统白描的细腻，又有古朴苍劲的金石刻风味。

200多年来，翻簧艺人代代相传，但因资料缺失，大多数名家的生平已无从稽考，有文字记载的主要代表人物有：俞啸霞，清末至民国时期；黄孝钧，1905—1960年；丁传钵（黄孝钧徒弟），生于1943年，童年学艺，精通翻簧竹艺制作的整个工艺流程；郑洪生，宁波人，1940年生，曾在奉化学习翻簧竹艺，1991年被评为"浙江省工艺美术大师"；俞贵升，1942年生，1960年制作的翻簧竹艺品在北京人民大会堂陈列，并被选为国家领导人出访时的礼品。

与丁传钵同时代的还有邬云扬、陈宝林、李加慧、金振业、胡荣华等人，但这些艺人已是古稀之年，且大多数在20世纪80年代末改行或歇业，当地翻簧竹艺后继乏人、濒临失传。2006年，奉化翻簧竹器入选首批宁波市非物质文化遗产项目，丁传钵成为宁波市级非遗传承人。

2. 生产技艺

竹筏制作技艺

取材。取口径较大（属上梁竹）、长势旺盛、无伤疤、大小基本相同的毛竹16株左右为一组（竹排宽度在一米上下为宜）。

截篛截脑。先截去竹篛，再截竹脑，脑管一般保留直径为9厘米左右，均分为等长的两小组。

削皮。每株竹均匀削去八面青皮、八个棱角，可留少量青竹皮。

弹竹。以干燥的松油木作为燃料，对毛竹的弯势进行加工：较长的一组8条中每条的竹脑处、1米左右部分在火上逐节适时烧烤，然后夹在两块固定的大石里缓缓地拗弯，弯头水平高度翘起约40厘米，每株毛竹弯度保持一致，平底向下，条间弯势相同，剩余部分弹直即可；较短的一组以每株弹直为标准。

打洞。每组毛竹以平底向下排好后，划上四至五条横线作为标记，然后按标记横向凿空，空径一般在6厘米左右。

拼筏。用不易霉变的青秀等硬木，削成光滑的直径为6厘米的圆木，穿插在竹空中间，竹木之间还要用销钉销牢。翘头的称头筏，用于站立撑筏人及装载部分货物；平头的称货筏，以装货为主。

连接。在头筏尾部和货筏头部装上接空（连接装置），以便运行时能连接，不用时可分离。

材料：毛竹、青秀等硬木料、干松油木柴等。

工具：快刀、锯、大石块、销子、绳索等。

用途：运输工具。

传承情况：在竹筏盛行时，一般长期从事撑筏的人员都能制造，无专门的传承关系。现在，竹筏运输已被汽车代替，竹筏被用作在岩溪上漂流的工具，供游客休闲、娱乐、观光。目前，还有少数能制造的人。

竹器制作技艺

竹匠行业历史悠久，传说当年鲁班师傅传授的"百作"之中，就有竹匠行业（也叫篾匠）。长期以来，竹匠制作的器具如箩、篓、篮、筛、土箕、摇篮、篾席等都是寻常百姓必不可少的生产工具和生活用具。清末时，岩头村竹器制作技艺发展到鼎盛。到了民国时期，竹器的工艺越来越精细。现在，竹制品逐渐被塑料制品所代替，但在山区还保留这一技艺。

制作方法如下：

取材。选用适宜的毛竹或四季竹。

取料。按制品的需要把竹锯成段。

劈篾。根据产品用途把竹劈开，然后劈成厚薄相等的篾片。

过箭门。篾穿过箭门后，阔度相等。

上刮刀。用刮刀刮篾片，使其厚薄相等且表面光滑。

编织。将篾片编织成所需的成品。

材料：毛竹、四季竹等。

工具：锯、尺、快刀、劈篾刀、箭门、刮刀、钻子等。

产品用途：生产用具，如箩筐、土箕等；生活用品，如篾席、摇篮等。

传承情况：随着科学技术的发展，有相当部分的竹制器具逐渐被塑料或金属制品取代，因而篾匠行业日渐萧条，已呈濒危之势。

"抓痒耙"制作技艺

岩头石门村（石门村曾隶属岩头乡，现与岩头村为平行村）盛产毛竹。为综合利用下脚料，岩头石门人有制作、销售"抓痒耙"的习俗。特别是从20世纪60年代起，随着乡镇企业发展，"抓痒耙"的生产和销售也发展了。岩头石门村毛均方因妻子从扇子厂失业，于是动脑筋生产"抓痒耙"（俗称"不求人"），初时因毛竹收购价格高，销售无路，后来到义乌市场签订合同，又找到美国、韩国销路，生产开始兴旺。村民见毛均方发迹，生产又适合家庭作坊，都仿效办起"抓痒耙"厂。

制作方法如下：

锯料。把毛竹锯成二尺左右的竹筒。

开料。把竹筒劈成一寸宽的竹爿。

刮青。刮去竹青。

修整。按一定厚度削去竹白。

弯头。把一头削薄，用火炙烤弯成手背状。

开齿。在手背状的一端锯出手指状即可。

材料：毛竹。

工具：刀、锯。

产品用途：用于抓痒，特别受老年人的欢迎。

传承情况：当地有小型家庭作坊，制作的"抓痒耙"在旅游景区以旅游商品销售，俗称"不求人"，岩头人精于制作，部分产品还远销海外。如今岩头村有七八家"抓痒耙"厂，每天有200多人进行生产活动，用料在几万斤以上。

扫帚制作技艺

据老一辈人讲，扫帚的制作已经有非常悠久的历史了。扫帚至今仍是城市、农村打扫卫生一种必不可少的工具。由于岩头村毛竹多，所以仍有不少人从事扫帚制作，主要拿到市场上卖。

制作方法如下：

捋竹叶。把毛竹上的新鲜竹叶晒干，用手捋去竹叶。

撮撑。把捋去竹叶的竹枝上的散枝攀下，并绑成小捆的过程，俗称"撮撑"，每把扫帚约需6小捆枝撑。

做柄。用竹梢头削成扫帚柄，然后用火烤，用手使它变成弯钩状。

劈好绑篾。砍伐当年留养的嫩竹，劈好绑篾，四五根篾圈成一圈，放在镬内用水煮，捞起后晾干备用，绑篾长度一般在7米左右。

绑扫帚。用撮好的枝撑，绑在扫帚柄上，使其呈扇状，然后用刀割平枝撑。

材料：毛竹枝、毛竹梢、嫩竹篾。

工具：快刀、劈篾刀、扫帚钻。

产品用途：主要是用于清扫城市、农村垃圾，及用作砂石路面施工的工具。

传承情况：此技艺自古在当地流传，属群体传承状态，无须另外拜师。目前，仍有很多人会制作。

竹洗帚制作技艺

竹洗帚的制作方法如下：

取毛竹上部竹筒，锯去其竹节，留长约25厘米的竹筒待用。

将竹筒用刀劈成竹条，去白后一头留8厘米，另一头竖向劈成细条，然后横向劈成薄片。

取毛竹箎头长约8厘米，宽3厘米的竹片，削成丁字形榫头及倒榫各一枚。

把劈好的薄片竹青外圈，用嫩竹绑成圆柱形，其直径以一只手能握住为准，然后用竹榫把绑好的洗帚榫成扇状即可使用。

材料：毛竹筒、竹箎头、嫩竹篾。

工具：竹锯、劈篾刀、快刀。

产品用途：竹洗帚主要为了方便洗刷掉铁锅、镬盖、篮子及其他日用品上的污垢。

传承情况：该技艺自古以来就在当地流传，属群体传承项目，无须拜师，至今仍有许多人会制作。

竹椅制作技艺

竹椅的制作方法如下：

取材。将竹椅的原材料大小毛竹，根据不同椅子的要求，截取不同长度的大小毛竹段。

整料、划码、打眼。先用竹刨把竹枝上凸出的竹节刨平，并在竹椅各转折处和椅背安装处划码或打眼。

烤火。这道工序有一定难度。在各转弯（折）处的竹青一面，用适度的火烤，烤到竹青皮"冒汗"（发出一个个小泡）为宜。还要根据竹子的不同硬度、干湿度，把握好烤火时间。如拗竹椅背，因竹小，且转弯处又多，烤火不适极易折断。

组装定型。竹椅组装成形后，在各转弯处钻小孔，并用竹钉固定，使整把椅子更为牢固。

材料：大小毛竹。

工具：锯、竹刨、竹刀、钻子、圆凿、铲凿、竹尺、划码用铅笔等。

产品用途：竹椅、竹羹橱是农村家庭常用的用具；竹床、竹躺椅可用于纳凉；简易竹床加两条竹马（脚），可供管瓜果田者使用；竹坐车是供还不会走路的幼儿使用。

传承情况：由于时代变革、社会进步，竹器家具逐步退出农村家庭，故拗竹椅的人已很少，传承不易。

3. 民间饮食

羊尾笋腌制技艺

羊尾笋因形状酷似山羊尾巴而得名。它是奉化山区老百姓为解决竹笋储存问题而创制的一道家常菜。

羊尾笋的制作流程如下：

选笋。选用白肉笋，除去青秆笋和虫蛀笋。

截节。紧靠老节上方平整切除，留空心头，可使烧烤后的笋干呈扁平状。去节时，笋的老嫩以熟练工下刀时手感而定，其长度以20—25厘米为最佳，一定要保证笋肉的嫩度。

去衣。剥去绿色笋衣，但要保留黄白色的笋衣。

清洗。洗去泥质和杂物，使笋肉达到清白。

烧烤。铁镬内装笋100斤，加食盐20斤，放清水5—10斤，用干木柴猛火烧烤3小时，烧至一个半小时用箆翻一次。最后1小时，要经常用箆把笋肉在锅内翻炒，以免锅底产生盐焦，直到笋干外有细盐花，卤水基本煮干为止。

出锅。把粗竹匾搁在铁镬上，留一半空位置，上放竹容器，用木钩、木叉将笋干捞起，再放入竹容器内。这样一边取笋干，一边笋干中剩余的盐卤漏于镬中，直至无漏卤为止。

压仓。取出晾干后，贮存在内有草编围垫好的能透卤水的木桶里约1个月，使笋干白而干燥。

包装。1个月后，拣去劣质笋干，将产品按等级分开包装。

传统分法如下：

一等，正号，分甲、乙、丙三级。

二等，副号，分甲、乙、丙三级。

三等，副号，分小条、大条、次货。

把各等级笋干按一定重量，装在用笋壳围成的竹筒里，加盖即成。

浸铁镬。待这一年羊尾笋煮完，把铁镬从灶上拆下，并把杉木板拆开，把铁镬和杉木板放在溪水中浸泡约1个月，去除盐分后，晾干装好，待下一年再请箍桶匠箍好，装在灶上使用。这样才能保证新煮羊尾笋干颜色洁白。

岩头村家家户户都掌握了这门技艺。最近几年，"羊尾笋干"不仅是超市、宾馆、饭店、家庭等选购的农家特产，并已进入国际市场，年销售量达上千吨。

笋卤头制作技艺

每年二、三月，春笋旺发，进入销售旺季。

毛笋落市后所出之笋（后期的笋），通常称"偃毛笋"。山民们掘来这种落市笋后常制成笋卤头，作为佐餐食品。此习俗一直流传至今。制作流程为：

取材。剥去笋壳，洗干净，截篰头，切成条块。

浸制。把切成条块的笋肉放入咸菜缸，使其充分接触盐分。

晒晾。从盐水缸中取出晒晾。

烧烤。放入八尺锅内加水烧烤，第一天用猛火，第二天用文火，每隔两三小时加一次盐水，一般要加三四次。每百斤笋用盐十二斤以上，还可放生姜、茴香等调料。

贮藏。通常烧两天两夜，冷却后放入陶器，最好用酒埕盛好，加盖。在屋内挖一二尺深的地洞，把酒埕的一半埋入地下，则笋卤头三五年也不会变质。

材料：毛笋、盐、生姜、茴香等。

工具：柴灶、铁镬、缸、酒埕等。

用途：食用。

传承情况：群体传承，特别是石门人每年仍有烧制。石门人出门三条岭，早上出门，傍晚回家，自己得带中餐，笋卤头是最好的佐餐，在盛夏下饭很素净，吃了不坏肚。

4. 民间表演

"竹海飞人"

岩头、石门一带翠竹连绵，素以"浙东竹库"而声名远播。这里出产的大毛竹，俗称"大毛筒"。1958年，毛竹生产现场会议在此举行，并选送了一株"竹王"——长24米、眉围约56厘米、重250斤的"奉化大毛筒"，在北京农业展览馆展出，曾引起轰动。

"竹海飞人"是岩头村的一种民俗风情。每年竹笋成竹后的七八月间，为防台风倒竹，需将新竹脑头砍去。一些艺高胆大的竹农，嫌上下毛竹费时费力，就创造出一种特殊的技艺，即砍完一株毛竹后，为了方便到另一株毛竹上继续劳作，便利用毛竹自身的弹力，快速地跳跃到另一株毛竹上，让人感觉就像是在竹林上飞行游走，故被当地人称为"竹海飞人"。这种砍竹脑的技艺十分精彩，堪称浙东一绝！可惜的是，世代相传的竹乡绝技藏在深山，外人所识不多。

这是一种集技巧、胆魄、耐力与智慧于一体的劳动技能，有一定的危险性，需要经历较长时间的实践。其操作步骤如下：

磨刀。刀要锋利，通常要一刀见效。

砍竹脑。腰间系牢刀篓后，凭经验选择一株好竹，爬到离其顶六分之一处，砍去一株竹脑，就势拉住另一株将其竹脑砍去。

纵身飞跃。如自己站立的那株竹已够不到旁边的毛竹时，就要摇晃几下身下的那株竹，以借力跳跃至更多毛竹上再砍。如此往复，动作利索，转移速度快。

20世纪70年代，石门村有13000多亩竹林，有10多位"竹海飞人"，如今仅有三位。这三位均已年过半百，他们分别是53岁的毛裕自、52岁的毛绍兴和58岁的毛木信。

这一绝活始于何时已无可考。据当地一些老人回忆，至少能追溯到清末，距今已有上百年历史。

据毛裕自说，干这个活儿一定要胆大心细。除了从小练就的手脚功夫，眼力也很重要，即要学会从竹的颜色、粗细、根部对一株竹的竹龄和承受力做出迅速而正确的判断。两年以下的新竹，竹梢较小，承受能力较差，一般不宜作为跳跃对象；带有伤疤的竹子，极可能遭到虫蛀，大多无法支撑人体重量。

毛裕自在竹林中从小玩到大，10余岁就能徒手爬上毛竹，18岁开始以"削竹脑"为生。最多时，一天能"削"四五亩竹林，一千四五百株竹子。通常早饭后上竹，至午饭时下来，吃完饭休息一会儿，再上竹干活，直至太阳西下。有时候为了赶活儿，早晨上去时，也将午饭带着。吃饭时，将相邻十来株"大毛筒"的竹梢绑在一起，做成巨型鸟窝的样子，人坐在上面吃饭。吃完，还可以躺在上面休息一会儿，然后继续干活。一般，中午饭菜由雇主提供。夏天，竹林中蚊虫较多，坐在高高的竹梢上面却非常舒坦自在。

由于这一劳动技能又苦又累又难学，当地继毛裕自、毛绍兴、毛木信之后，再也没有年轻人学习这个活儿。没有专门的传承谱系，若不是从小就在竹林中玩到大，即使想学也难以学会。每年全国各地前来学习种植毛竹经验的人不少，唯独这门技艺没被人学走。

（二）民间文学

1. 岩头村的传说

相传明朝前，岩头村还是一个草木丛生、野兽出没、没有人烟的深山冷岙。

当时，离岩头村东面约十里之遥的山岙住着几十户人家。最早来这个村的人来自衢州江山石门村，名叫毛旭。北宋初（约960），毛旭随父毛仁锵（唐末进士）来庆元（宁波）赴任时，曾游览奉化剡溪源头，见此地山川灵秀、土地肥沃，甚是喜爱，决定在此定居。为不忘古，仍取名为石门村，毛旭就成了奉化毛氏的始祖。毛旭第九世叫毛万二，移居杨墅，第十三世毛孟生有三子，第三个儿子长大后喜欢狩猎，经常带着猎狗外出打猎。

明洪武三年（1370），毛孟五十大寿，妻舅挑着礼担前来祝寿，毛孟叫三儿子前去迎接。三子带着猎狗一起出门，半途中接着舅父，见礼担中有很多馒头，就随手拿起两个馒头抛喂给他心爱的猎狗。到家后，其母点送来的寿礼，发现馒头个数不对——因为送礼的馒头数量是有规定的，如礼重的是一百二十个，礼轻的为三十八个。经查问，原来是三儿子在半路上喂了狗，这不仅不吉利，传出去更是大逆不道的行为。毛孟夫妻一怒之下，就把三儿子赶出了家门。

三儿子无奈，只好带着猎狗出门，另觅生路。他走出村口，顺着剡溪向下游走去，走了七八里路，来到一个山岙，只见那里紫竹丛生、地势平坦，一湾溪水在岙中流淌。这时，三儿子带去的猎狗在竹丛中安卧不走，几次呼叫不起。原来，猎狗发现树枝上挂着一只饭蒲包。他上前一摸饭包尚温，环顾四周并无一人，呼喊多时又无人回应。三儿子心想，莫非老天爷要我在这里安身？于是就地结庐为家，后娶妻生子，繁衍后代。

这个三儿子就是毛旭第十四世孙毛宣义，也就是现在岩头村始祖。岩头村的毛姓排行从"宣启礼伯"开始，毛宣义是始祖，第二代是"启"字辈，第三代"礼"字辈,第四代"伯"字辈……直到第二十一代"昭"字辈、第二十二代"显"字辈、第二十三代"贤"字辈,目前最多的是第二十四代"良"字辈。

由于村子峭石立四壁、溪中岩石成片裸露,故取村名为岩头村。

(摘录自《奉化民间文学·地名故事卷》,陈峰整理,有删改)

2. 布袋化岩洞和卧虎石的传说

布袋化岩洞和卧虎石都是岩头村天然形成的自然奇观。

布袋化岩洞在西峰寺后面的西峰山冈头,在一堵陡峭的岩壁上,只有一尺多深,就像装满东西的布袋口,恐怕是全世界最浅的岩洞。

关于布袋化岩洞,当地留下了一个传说。相传,在很久很久以前,西峰山冈头来了只三脚虎,威猛雄壮,凶恶残暴,吼一声风云变色,打个滚地动山摇。它的尾巴轻轻一扫,也会沙飞石走,凭空刮起一阵沙尘暴。这只三脚虎十分可恶,还常常喜欢站在西峰山冈头,居高临下,虎视眈眈,俯瞰岩头全村,只要见到哪一家的门窗开着,它就打一个虎跳,在半空中来一个三百六十度倒翻,从门窗扑进去吃人,来去之快就像一阵风刮过,谁也躲避不了,谁也奈何它不得。

这件事被奉化岳林寺的布袋和尚知道了,人命关天,这还了得。布袋和尚就急匆匆地赶来岩头村,独自上了西峰山冈头,在三脚虎经常出没的地方,张开他那形影不离的布袋。他敞胸露脐、笑嘻嘻地坐在布袋口,以身作饵,等待三脚虎的到来。当时,岩头村的人只见布袋和尚上山,却不见布袋和尚下来。日子长了,大家都很不放心,就结队上山察看,只见三脚虎经常出没的地方,凭空出现了一堵陡峭的岩壁和一个像布袋口一样的岩洞,三脚虎和布袋和尚却不见踪迹。大家都说,这是布袋和尚的布袋化成的岩洞,就叫"布袋化岩洞",简称"化岩",又叫"花岩"。

人们为了感谢布袋和尚舍身诱虎的壮举,就在西峰寺的门口仿照布袋和尚坐在布袋口舍身诱虎的神态,为他塑了座佛像。

从此以后,岩头人的心里多了一个疑团——是布袋和尚捉走了三脚虎,还是布袋和尚被三脚虎吃了?持前一种说法的理由是,三脚虎从此再也没到村里来吃过人。这是因为布袋和尚曾关照大家,他说三脚虎是直白眼,只要不把门窗正对三脚虎站立的地方,三脚虎就会失去目标,不会再来吃人。于是，大家都把门窗的朝向改了。站在布袋化岩洞的洞口，朝岩头村望去，500多户人家尽收眼底，的确找不出一间房屋的门窗是朝布袋化岩洞的洞口开的。

后一种说法少有人相信。岩头村另有一处叫大头和尚背小娘的自然奇观，传说大头和尚就是布袋和尚的化身。那么三脚虎又到哪里去了？有人到羊头嘴、狗头山、猪头岭、马头岩这些三脚虎经常出没、祸害牲畜的地方去寻觅三脚虎的踪迹，都无功而返。后来，有人发现这只三脚虎竟躲在岩头人经常经过的一块岩石的阴影处，只不过已被布袋和尚点虎成石，与岩石连成一体，再也动弹不得。此石就是卧虎石。

（摘录自《奉化民间文学·地名故事卷》，陈峰整理，有删改）

3. 斧头山的传说

距岩头村2.5公里，有座很像斧头的山叫"斧头山"。山上有松、竹、桃、梅，每到清明时节，映山红满山遍野，云蒸霞蔚、繁花似锦都不足以形容此时斧头山的美丽。

斧头山有两处古迹。其中一处是正面山麓的毛玉佩墓。毛玉佩是清嘉庆、道光年间名冠两浙的书法家。他的墓不但造型别致，且周围裸露的岩石上还有许多石刻。与其墓隔溪相望的，有元初东南文章大家戴表元之墓。另一处是在山阴的雷竹专业村黄马坞附近的拾镬寺。相传寺内有十口大铁镬，每口能供百人吃饭，因而俗称"拾镬寺"。

斧头山下还有兜水木勺潭，据传是铁拐李用铁拐戳成的。潭上有座庙，原先叫"铁拐李庙"。关于庙和潭有这样一个传说。

传说很久以前，千僧聚会于拾镬寺，恰值天旱，山上无水可汲，1000多人的饮用水得翻过斧头山，到避水岭脚的岩溪里一担一担地挑上来，十分吃力。正巧铁拐李云游到此，动了恻隐之心，将铁拐在避水岭脚用力一戳，戳出了一个木勺形的大岩潭，把岩溪上游的水兜住。因此，此潭就叫兜水木勺。斧头山忙将兜住的泉水吸入山腹。旱时，水就从"破篮头田"冒出，供拾镬寺的和尚饮用；涝时，水仍收回木勺潭。人们为纪念铁拐李这一善举，就在潭边造了一座铁拐李庙。

铁拐李庙何以会改成玉泉庙？原来，拾镬寺的和尚明知铁拐李救了他们，却不服佛法无边的佛祖竟不抵仙家铁拐李一戳的事实，于是变着法儿要隐瞒真相，先把庙名改为玉泉庙，接着又认为庙内塑有铁拐李神像，寺庙形象不佳，提议另塑佛身。

从此，铁拐李庙就变成了玉泉庙。

（搜集整理：毛玉尊）

4. 毛玉佩的传说

溪口岩头村在清嘉庆至道光年间出了个著名书法家，姓毛名玉佩，字孟迁，号石台。他最擅长写擘窠大字，笔力惊人，其书法名满两浙，特别是宁波商界，几乎所有的大字号店名都是他写的。他写字不计报酬，只要招待酒饭，或用好的花卉、奇石同他交换就成，当时有"贱笔"之誉，与贵笔先生王香水是两种不同的类型，传说也很多。在奉化流传最广的是写在萧王庙大门上的"龙""虎"二字的传说。

相传萧王庙造成之初，庙众发轿去岩头村请毛玉佩参加开光盛典，并请他为萧王庙写块匾额。毛玉佩酒足饭饱正准备写时，却发现忘记带笔了，众人想立即派人去岩头村取笔，可毛玉佩等不及，见庙旁边有人晒了一筛做草鞋的毛笋壳，便说："有了有了，不用去了。"说着，他捞起一把笋壳，缚到一把只剩株头的扫帚柄上，稍做整理，就磨得墨浓，揾得笔饱，爬上木匠师傅还来不及搬走的三脚木马，在大门左边写了一个箩口大的"龙"字。这时，毛玉佩的家人把他忘在家里的笔送来了，他就用自己的笔在右边的大门上写了一个大大的"虎"字。这两个字都雄浑绚丽、气势磅礴，相比之下，"龙"字显得更加清俊豪爽一些。

毛玉佩写在大门上的"龙""虎"二字，一直是萧王庙的镇庙之宝。200多年来，庙宇经历了无数次修葺，唯有"龙""虎"二字依旧流光溢彩。

早年，玉佩先生客居苏州。某日，有家中药房开张，一个秀才正提笔在墙上写一个特大的"中"字，刚把中字的方框写好，自觉一竖是关键，便停下来琢磨如何下笔。这时，站在旁边的玉佩先生开言了："中者，心也，气也，心有气则活，这一竖是灵魂，能写好一竖，中字就活了……"秀才侧目一看，是一个农民模样的人,便带着轻蔑的口气说:"你也知道呀?看你这样儿行吗?"玉佩先生谦虚地说:"我略会一点。"秀才想羞辱他,把笔一掷:"那你来写吧!"玉佩先生毫不示弱,漫不经心地说:"让我试试也行。"他手里拿着一把刚从市场上买来的芦花扫帚,就在墨水缸里饱蘸墨汁,抓起扫帚,一戳一顿,猛地一落,又忽地往上一回笔,就把中字写活了,围观的人无不拍手赞绝。从此,玉佩先生声名鹊起。附近喜爱书法的人或求书或请教,络绎不绝,玉佩先生总是有求必应。

有一年,邻乡响岩庙开光,大书法家汪世昌紧捆竹壳,并一头拷软后浸墨汁当笔写字,近看粗糙,远看则见神见骨、挺拔有力,人人赞誉。毛玉佩闻声,穿上草鞋,带上雨伞也奔去欣赏。他站在庙门前的广场上,被汪世昌的书法惊呆了,大声赞叹:"好,好。"退后几步,那字体更见神采,玉佩先生一边后退一边喊好,最后竟手舞足蹈起来,兴奋得忘记广场有崖,一脚失控,跌下了二三丈深的高塝,死于非命。时年他七十三岁,墓葬岩头杨家田斧头山。

后来,响岩庙门口有人题词:蜜岩汪世昌笔,岩头毛玉佩跌。

(搜集整理:毛照飞)

5. "无赖"娶亲

1901年,14岁的蒋介石(乳名瑞元)从葛竹转学到岩头榆林,就学于毛凤美开设的学馆。榆林到岩头只有五六里路,蒋介石放学后常去岩头上三院堂阿姑家。堂姑蒋赛凤夫君早死,留下一个女儿叫毛阿春,人生得标致、秀丽,比蒋介石小一岁。蒋介石喜欢和阿春玩,常给阿春梳发、洗脚、打扮穿着。两人日久生情,亲密无间。在私塾里,蒋介石常说要娶堂妹阿春做老婆。少年风流张扬,蒋赛凤十分讨厌,骂他是"油头小光棍""真没出息"。母亲王采玉听闻后,先是吃惊,后来想起自己和赛凤阿姑都是早年丧夫,命运相似。赛凤带阿春回娘家时,她也曾见过阿春,印象里阿春是个伶俐可亲、讨人喜欢的姑娘。如果把那姑娘娶来做瑞元老婆,在贤妻的管束下,说不定会改一改瑞元有点放荡的个性。况且,蒋家门祚式微,人丁单薄,早日为蒋家添丁加孙,也可了却心事。于是,她便托媒去堂姑家说姻提亲,谁知遭到蒋赛凤的一顿毒骂和奚落,说:"瑞元这个无赖,他娘还把他当作宝贝似的,我看是个不成器的败家子,我的女儿岂能嫁给他？"王采玉一向望子成龙，对儿子寄予厚望，经提亲人回来后一番叙述，对堂姑迎头泼来的一盆冷水，心有不甘。她与亲戚朋友商量后，偏要在岩头择一门当户对、品貌俱佳的毛姓闺女做媳妇，让蒋赛凤瞧瞧，出这口恶气。于是，她找榆林陈姓表兄帮忙在岩头物色对象。陈表兄曾在岩头大井头开过酒坊，相邻是毛鼎和开设的祥丰南货店，曾见过毛鼎和的次女毛福梅。那闺女方脸大耳、性情温和、手脚勤快、孝顺爹娘，不正是采玉妹要寻找的媳妇吗？他忙去说合。毛鼎和心想，蒋家在溪口也曾开过玉泰盐铺，应该说是门户相对，瑞元性虽顽劣，但人极聪明，进学馆后定会有长进，蒋母为人厚道、贤惠，闺女嫁去她家，不会吃苦的，再说小女福梅也是该婚嫁的时候了，就同意了这门婚事。王采玉之所以接受比儿子大五岁的儿媳，为的是娶一个懂事能干的媳妇，既可分担家务，又有人管束儿子，还可早日抱上孙子，更是要让人看看，谁说我家儿子是无赖，不是娶了个好媳妇吗？

1902年，15岁的溪口少年蒋介石和20岁的岩头姑娘毛福梅喜结连理。

（搜集整理：王舜祁）

6. 桃花六横当县官

蒋介石家乡观念重，身边浙江人很多。但是，蒋介石对家乡人也不是一概录用。一次，岩头一位毛姓族人和榆林陈某相约去见蒋介石，心想谋个差使，求得一官半职。蒋介石晓得这两人的底细，也摸得透他俩的目的，但作为家乡人，还是客客气气地接待了他们。至于安排工作，他认为不合适。在他俩还未开口前，蒋介石就直截了当地说："陈兄，我知道你忙时种田，闲时烧窑，日子过得蛮好。这些年，我总认为百行百业，种田最好，种田财主万万年呀！"蒋介石以婉言相拒，陈某听了冷了心头，一声未吭。蒋介石扭头转向那个岩头人，诙谐地说："毛兄，你呀是有才能的，最好派你去桃花六横当个县官，大可施展你的本领了。"毛某明白这是蒋介石在戏谑他生活不羁、行为不端，也沉默无语。之后，两人悻悻而返。

（搜集整理：王月仙）

7. 毛千斤斗金不去

很早以前，岩头村的竹木柴炭便宜得没人要。一株大毛筒一升米，大的松树半斤盐，有人肯要还算大面子。宁波木行有个老板叫金不去。他看中市场，知道有利可图，就出了比当时高出两倍的市价，把岩头村的林木包租下来做生意。十个广州佬，抵不上一个宁波人。金不去做生意很精，他施了个扛木头比赛的花样。

多少根木头就叫多少个人扛，约定时间，同时起步，头一个扛到目的地得大洋三百，其余的就不给工钿，只管吃饭。这样一来，有很多人摩拳擦掌，想去争头名；有些人少气薄力，明明挣不到，但反正家里没饭吃，你管饭，也去背。就这样，岩头的木头像发大水一样流进宁波，白花花的银圆也就流进金不去的腰包里。

每日扛木头头一名是一个叫半头牛的外路人，生得身高力大，两三百斤重的树搁在肩上，就好像背一根木棍，是实打实的真本事。他每日得三百大洋，照理是发了大财，可是每餐吃的是半碗黄酒、几粒豆板、一碟咸菜、几碗饭，吃了就去睡觉。

毛千斤早就想去扛树，他要夺个头一名，比三个指头拾田螺还容易，只因为岩头脚18个大大小小的村子，每日要吃的油盐酱醋都靠他到溪口去挑货，一日不去，这些东西就会断档。所以，他情愿不要三百元，不过对背木头的事非常关心。听说半头牛每日争第一，他就盯上了这半头牛，想看看他到底有多少牛力，两日下来，事情就穿帮了。

原来，半头牛是金不去这厮养的一头牛，他日里扛树，明里拿到三百大洋，夜里又暗暗地奉还给金不去，骗着岩头村的百姓，每天吃白饭给金不去扛树。

毛千斤回来把情况向众人一讲，气得一班穷兄弟个个蹬脚跺地，大叫上当。毛千斤打算明天也去扛树，这口气一定要争回来，账一定要算清。

第二天，毛千斤带着众人来到堆木场，大家各自扛起木头拔拔脚就走。半头牛扛着一段大木头走在前头，觉得背后脚步声紧跟，回头一看，心里一惊：啊，这人是谁？从来没见过面，扛的木头比自己还大还重。半头牛边想边加快脚步，不敢稍停。渐渐地两个肩膀酸了起来，两条腿也迈不开去，刚想放下休息一下，后面的人已追过前去，半头牛只好硬着头皮往前赶。他脸无血色，黄汗直淋，浑身无力,终于支持不住了,"咚"的一声扔下木头,横瘫在地上直喘粗气。

毛千斤轻松地放下木头,坐下掏出老烟管,悠闲地吸着烟。半头牛有气无力地瞧着毛千斤,脸上露出十分尴尬的神色。毛千斤冷冷地笑了笑:"你今天不想得第一名了?"半头牛突然落下泪来。毛千斤紧接着问道:"你为什么把每天得来的钱归还给金老板?"过了一会儿,半头牛终于长长地叹了一口气,说:"我欠金老板很大一笔债,他见我有力气,就想出这个鬼主意,要我每天夺头名,等到完工,就本利两销抵欠债。我家有老有小,求求你,把这头一名让给我吧。"

毛千斤心里暗骂金不去果然心狠计毒,吃人不吐骨头,也可怜半头牛,就用商量的口气,说:"这事不仅你上了当,我们岩头几百个穷兄弟也受了骗。今天,有金不去就没有我们大家,我们大家就该把账算算清,你也不必再去卖命,欠金不去的债,我们来帮你了结。"说话之间,后面扛木头的一大群都上来了,毛千斤扛起木头,又把半头牛的一段也搁在自己肩上,与众人一起上路。

金不去守候在夹江潭。这里是终点,木头在江边装筏,顺水运往宁波。金不去坐在一把藤椅上,撑着一顶大阳伞,膝上放着三封赏钱,准备赏给半头牛。只见一大群扛木头的来到跟前,同时把木头扔到竹筏上,个个都得了头名。众人围着金不去,袒胸露臂,竖眉横眼,跺柱头敲得乱石笃笃直响,要金不去发赏。金不去哪里肯依。有几个说,金不去想赖账,就把他丢进夹江潭喂鱼去;有几个径直去锁住竹筏,只要一天不发钱,就不让竹筏出山,让大批木头烂在岩头。金不去吓得魂飞魄散,要钱要命两个一比较,只好打落牙齿肚里咽,答应三天之内一一付清。

(搜集整理:毛玉琴)

8. 羊尾笋的传说

传说北宋时,四明山区有个名叫山籽的孤儿,寄养在伯父家。十六岁时,伯父病逝。为了生活,他与伯母二人培育了一片竹林,劈篾打篮,赚点零钱,换得几升大米,赖以生存。

有年春天,破土而出的春笋特别多,山籽挖了许多回来,但由于没有好的保存方法,他与伯母二人只能赶紧吃,吃得上吐下泻。此后,他又挑着上百斤鲜笋到几十里路以外的溪口去卖,但没卖掉几斤,太阳已经下山,回到家已是下半夜。又累又饿的他一到家,没喝口水便倒在了床上。伯母心疼地对他说:"山籽,在家老老实实编咱们的竹篮算了,山外的钱不是咱们这种人赚的。""阿姆,我就不相信山外的钱咱们不能赚,我一定要走出条路来。"山籽说完后,吃着伯母煨的粥和盐竹笋,猛然眼睛一亮,兴奋地说:"阿姆,有了!"

原来是这盐竹笋触动了他。他当即和伯母一起制作了几十斤羊尾笋。山籽吃了一块,觉得味道很好。次日,挑到溪口去卖,不到一个时辰,全部出手,赚回银子相当于他以前半年的收入。从此,一到笋期,山籽就以出售羊尾笋为主业,渐渐地生意越做越大。

却说宁波知府有个在苏州做官的亲戚,一日来宁波走动,餐桌上吃到了羊尾笋,觉得口爽饭香,当即提出每年向苏州运送几百斤羊尾笋的要求。经人介绍,山籽便与宁波知府签下每年向苏州出售羊尾笋500斤的合同。于是"羊尾笋干"名传江浙,山籽也从一个贫穷的竹农成为一个富翁。溪口地区的东岙、班溪、跸驻、小溪岙、岩头、石门等地山民,纷纷跑到山籽家里取经,山籽毫无保留地将技艺传授给他们。此后,该技艺在山区家家户户相传,一直延续到现在。

(摘录自《甬上风华·奉化卷》,佚名,有删改)

(三)宗姓家谱

1. 岩头毛氏宗谱

岩头毛氏宗谱共有两部。其中一部修于清光绪十六年(1890),现存二册、二卷,散失八册、十二卷。另一部修于民国九年(1920),全谱十册、十九卷,现存八册、十四卷,散失二册、五卷。

民国九年(1920)谱,主纂毛慕舒、裕成,总裁凤喈、仁溦,族长荣在,作序东卧。卷一诰敕、叙源,卷二世系,卷三九世生生图,卷四发祥世传,卷五至卷十三世系;卷十四艺文等。

谱中《源流叙略》载:"自帝喾元妃姜源履巨人迹而生弃,尧时教民稼穑,封于邰,号后稷,别号姬。历十四世,孙文王生子众多,八曰郑,以卿士封几内毛地,称毛叔,是为毛氏鼻祖。""唐中叶,浩文、浩武兄弟因宦立业而家衢仁寿乡(即江山石门村),乃所居也,是为三衢之祖。唐季侍御史毛桌公生仁锵、仁镕。仁锵生太初、仲初、季初。太初徙温州瑞安县,仲初除台州通判,居于临海,惟季初公讳旭徙宁之奉化石门,即廿二府君也,是为石门之始祖。至十四世宣义公又徙岩头,遂立族焉。世称狮岩(岩头古称)毛氏。"周培忠所撰《岩头毛氏宗谱序》(乾隆二十七年)曰:"毛氏季初公自衢江山县石门村迁奉剡源,仍号石门,不忘其所自也。至万二公,由石门徙杨墅。历数传而宣义公又于洪武三年(1370)徙居岩头……"《清漾毛氏宗谱》脉络显示江山(清漾)和湖南的韶山毛氏为同宗。

2. 毛氏宗谱家训

闻之国有法,家有教。法立而民不奸,教行而人尽道。尽道即父子亲,兄弟和,夫妇正,而家道成矣。使家教不立,父兄无董率之规,子弟无遵行之典,或恩胜则流,义胜则离。甚至任其放诞,寡廉鲜耻,日流于污下而不知止。此家教之宜严与国法等。

敦孝行　人受生于父母,鞠育恩深,如天冈极。凡为人子者,无论贫富,皆当竭力。故孝道甚大,要在一顺而已。近有视至亲如邻人,以甘旨为故事,私货财,任血气,不顾父母,世道□此,可悲可泣。愿子孙务勉为孝,无溺于习。如有悖逆不顺者,诸父诸兄切戒之不悛,禀明族房,传集绅士暨贤达者,会宗祠痛责议罚,如再不悛,鸣官究治。毋纵!

修悌职　长幼有序,伦理森然,不容稍为逾越。凡为子弟,出见长上,谦恭卑牧,徐行隅坐,问必起对,饮不敢先。公事必禀命于长者。近有挟后生为声援,视老成为迂腐,转相效尤,甚至争毫末之利,而攘臂相争;听闺房之言,而阋墙起衅者,殊可痛绝。愿子孙勉为悌弟,克序彝伦,敦睦乡党。如有陵(凌)傲无礼犯上者,会宗祠议罚。

尽臣节　事君致身之义,讲习于诵读,时者最悉。一旦策名仕版,服官有日。自顶至踵,惟君所使。苟徒拥轻肥席丰厚,碌碌无能,国家亦安赖若人?派下子孙,岂无半通一缩邀升斗之禄者?故无论位之高卑,务宜各尽乃职,无旷厥官。倘篿篆败守,与其被刻而贻羞,毋宁引分而恬退。若食禄而不忠其事,吾亦不愿有是子孙也。愿后裔务敦名节，扶植纲常，忠以事其君，盖尽臣道，即所以尽子职也。

同友道 至诚无息者，信之本体。忠可以孚豚鱼，志可以贯金石。所谓诚能动物者，此也。若徒诡讹相竞，矫伪自滋，外结知交之雅，内藏忌妒之私，仅能伪饰目前，久必败露于后。中夜自思，汗颜无地。凡我子孙，务宜朴诚自矢，信义中孚，恂恂相与，勿陷为轻薄子。庶几古道克敦交情，乃见也已。

重本业 人各有业，业精于勤。人而无业必生淫荡，势必难免贫穷。故为士者，宜勤于读；为农者，宜勤于耕；为工贾者，宜勤于营作，各务其事也。勤于读者，成功名；勤于耕者，宁妇子；勤于营作者，置产业，各图其获也。凡我子孙，俊秀者，读可也；钝拙者，耕可也；如无田可耕，或服贾、或习艺，各归其业，毋荒于嬉，庶不为天壤弃人也可。

肃闺门 自古家教首重闺门，妇人不许与外事，男女毋许杂笑谈。中馈克谨，纺绩攸勤，妇人家自应乃尔最宜。禁止尼僧出入，卖婆往来。非遇大节礼数，不得擅出探亲。至如兄弟，或有小事相争，不得添言助语，以致乖离骨肉。若夫反目，为乖气致妖司晨，乃惟家之索，不能正家，罪在丈夫。纲常之道，自刑于始，如有违此者，罚其夫男。

崇节俭 食时用礼，古有明训。凡冠婚丧祭，礼所宜丰。惟各视其力之厚薄。至如少年，任侠宴饮为乐，或服侈于人，有无相耀与，作无益之费，耗有用之财，种种奢靡，理宜戒饬。为子孙者，当思来之不易，积储为难。倘倾囊而用，数十年谋之，不足一朝耗之有余，良可悲恻。

禁游惰 四民之中，各有其业。近有游手好闲，三五成群，非士非农，掷庐以为戏；不商不贾，纵酒以为欢。父兄不止戒，子弟习为常。如是之人，必至贫窭，终至为匪为盗。上干国法，下坏风俗，于族中最为不肖子孙。有此家长，会宗祠戒饬，儆其游惰耍赌，使归本业。不悛，以官法治之。

戒争讼 是非曲直，公论自在人心。是故讼元吉百人一矣，讼终凶行而九矣。世有健讼是好者，自毁其家者也。凡我子孙，或有事相争，宜禀房族长与贤能者剖处，万不可仓促讦讼。即有不平，惟理可以折服于人，不得恃强斗殴，以致忘身及亲。至若为人排难解纷者，亦当苦口劝息，毋左袒助虐也。

济贫乏 余族僻处山村，饶裕者少，窘急者多。若年登大有，贫民犹可自活。一遇岁歉，饥寒交迫，冻馁难堪。是何忍也？凡我同宗，当思谊关一本。倘值时饥馑，则家称少康者，宜通有余，以济不足。升斗之粟，务须平价以粜或转运以济，无许遏籴闭仓，使派下有饥饿之苦。如敢不遵，会集族房绅士，公论议罚。

睦宗族 昔范希文有云：吾吴中子孙甚盛，虽房分派别，而自祖宗视之皆一体也。由是观之，知分胙以联其宗，合食以联其族，小功缌麻以明其服。凡族中有孤寡或贫困不能自在者，宜周恤以存其仁。有父母终而无力埋葬者，亦宜周济，以广其孝。盖茕独可哀，节义至重，凡属同派，恶得视若途人。夫途之人，犹或怜之，况同宗乎？子孙辈当体祖宗一本之思，亦由亲及疏之道应尔也。

3. 毛氏宗谱祭仪

礼有五经，莫重于祭。盖祭非虚，文须一念，诚敬所将，以冥格乎先人者也。倘礼文礼物，稍有疏慢于明信之谓，何而神其吐之矣，可不慎哉！今纂家礼，略从简约，庶使俗易于循习云。

时祭 前一日斋戒。古礼三日斋，今恐不诚。正前一日，主人以下，沐浴更衣，不饮酒茹荤，不吊丧听乐，凡凶秽之事，皆不得与。

厥明夙兴，设位，陈器具馔。庶人皆祭于寝，四世各席，则寝不足以容，故皆合为一席。高祖考妣南向，其余考妣东西以次。而附馔用鱼肉米面，或加鸡鹅三蔬三脯，醢炙肝之类相间，而设肴品，务令精洁极熟，酒亦令温。主人主妇须亲自检办，不委于仆妾。未祭之先，勿令人先食及为猫鼠所秽。如天热，可夜半超具之，质明奉主就位。

主人以下俱盛服，诣祠堂盥洗、启椟、焚香、跪告曰：孝孙某，今某时，有事于高曾祖考妣，敢请神主出就正寝，恭伸奠献。告讫，每椟用一人捧之，主多则用盘盛之，主人前导，卑幼后从，置于寝西桌子上。主人启椟，奉各主出。监礼者戒众肃静，击鼓三通，钟一通，乃叙立（通唱）。执事者各司其事，主人以下各就位（引唱），就位（通唱）。参神，鞠躬，拜兴，拜兴，拜兴，拜兴，平身（通唱）。降神（引唱），诣盥洗所盥手就巾，诣香案进前香，所上香，亚上香，三上香。酹酒，执事酹酒，跪进人主，人主之受尽，倾茅沙上。进币，献币，以币付执事者。俯伏，兴作揖，平身复位（通唱）。拜兴凡四，平身。主人诣神位前行初献礼，前作揖，跪，进酒，献酒；进鱼，献鱼；进汤，献汤。主人献于始祖，子弟分进，配享祔位，复位（通唱）。拜兴四礼，跪，俯伏，读祝，读毕，拜兴凡四，平身。主人诣神位前行亚献礼，作揖，跪，进酒，进肉，进食，如初献礼，复位。拜兴四礼，平身。主人诣神位前行终献礼，作揖，跪，进酒，进羹，进饭。子弟分献如初，复位。拜兴四礼，平身，斟酒，主人执壶斟始礼考妣，子弟分斟祔位，并加箸饭。上诣香案前鞠躬，拜兴凡二，平身，复位。兄弟各宗子诣祧室侑食，如正堂仪（通唱），复位。拜兴四礼，平身，主祭者献茶，子弟分献，复位。拜兴四礼，平身，读祝者捧祝，司币者捧币，各诣燎所而揭焚之。主人以下俱亲送主入原位，揖，辞而返乃馂。礼毕，齐一揖，执事者彻酒之在盏，及注他器者，皆入于瓶缄之，所谓福酒也。馂余，执事设食于燕所。尊长卑幼以次序坐，司库陈设尽祭余酒馔，相与燕乐。古有祝赞献酬之，今不仪行，但卑幼奉酒于尊长，尊长宜以孝悌敦睦之义，随意致辞，训诫合族。燕毕，以次起揖，尊长而退，长房及掌年监令守祠洒扫，仍与礼生交盘祭器，封库乃归。

元旦 先期五日，宗房长会祠，派定礼生给示谕，众仍量给公储。命掌年者，预办供献酒果礼物，除夕诣祠堂洒扫拂拭，盘点献物，封藏而退，厥明掌年者，催集众齐帅礼生，先诣祠燃香烛，陈献物果品面食各五盘，每位设酒盏茶盅各一，置茅沙于香案前，俟族人齐，监礼者戒众肃静（通唱），叙立，参神，鞠躬，拜兴，凡四礼，平身。降神（引唱），诣香案前，跪，上香，酹酒。子弟斟酒，跪进于主人，主人受之，尽倾茅沙上。俯伏，兴作揖平身，诣神位前，主人斟始祖考妣，子弟分斟祔位（通唱）。献茶如献酒仪。鞠躬，拜兴四礼，平身（引唱）。诣读祝位，即香案前，跪，主人以下皆跪，读祝，跪，主人左读。起，俯伏，兴，平身。复位（通唱）。辞神，鞠躬。拜兴四礼，平身。各诣小宗行礼，凡子孙各诣本宗室序立（通唱）。鞠躬，拜兴四礼，平身。礼毕，礼生补完拜礼，乃序拜于前厅，各依行次答拜。拜毕，俱分列两旁，听读家规。读毕，齐班向始祖前揖，宗长居上西向众揖，众乃分班完揖。宗长命房长唱名，给散献物。领讫即退，但年登七十以上与各派绅士俱留坐燕所，出献余酒果各相酬，乃归。

墓祭 用清明前后，厥明洒扫，布席陈馔。是日晨起，主人率执事者诣墓所，周行茔域内外，除草棘，添土毕，举祭如常。乃祭后土，墓祭布席陈馔于左，仪照常行。

季秋祭 程子曰：季秋成物之始，亦象其类而祭之。前五日备物，宗房长会祠，给出公储。命掌所者措办牲醴、品物、酌器，与祭者必须齿德俱尊，而礼度素娴者，派定诸执事礼生，揭示谕众。前三日斋戒，主人率众致斋于外，沐浴更衣，不饮酒茹荤，不吊丧问疾，凡凶秽之事皆不得与。前一日告祠演礼，省牲涤器具馔，以至彻馂，并如时祭之仪。

冬至祭　程子曰：此厥初生民之祖也。冬至，一阳之始，故象其类而祭之。祭仪如季秋之仪。

岩头毛氏旧有行第为：

世百万千，亚得孟宣，启礼伯善，浩文奇安荣。

十七世后新订行第：

仁恭裕信，昭显贤良，道隆化盛，

功立名扬，家常兆瑞，邦本呈祥。

另有石门东西二宅、下宅、杨墅、樟墅、乌岩、鄞西、西坑等行第。

4. 修谱习俗

据《奉化市志》（中华书局1994年版）记载，北宋天禧年间（1017—1021），奉化即萧王庙供奉的萧世显当县令的时候，全县只有17000人。经北宋末年靖康之乱，北方士族和民众避难南迁，县内人口激增，至两宋交替之际，已达6万人，增加近3倍。现今市内部分大村落就是从那时开始形成的。这些村子的移民，经过几百年的休养生息，到明清已经绵绵瓜瓞、人丁济济。为记录宗族内部先后世次、发展历史以昭示后人，同时也为提高宗族在乡间的声望，家谱便应运而生。

修谱，也叫作"进谱"或"继谱"，堪为民间宗族团聚的一次盛会。修谱起始与终了，宗族家家户户要到宗祠集中祭祀祖先。有关亲朋都要来送礼庆贺，村里也要搭台演戏，招待朋友和供族人欢庆。

当地修谱程序大致如下：

成立修谱委员会　修谱委员会由族长（族内辈分最高、年龄最大之男性）、房长（族下各房内辈分最高、年龄最大之男性）、干董（即大总裁，由族长、房长议定聘请有威望、有名声、有文化、懂事务的能人担任，一般为两人）、校对（负责文字起草、整理）、庶务（负责具体事务、财务等）组成。修谱委员会成立后，制订好修谱章程及纪律。

修谱 调查记载 30 来本族重大事项和显要人物；记载庙宇、桥亭、路堤、河塘等兴建和修建；记载重大灾祸。

将上届修谱后 30 年内所有族人，按各房排行顺序，逐一登记入册，并写明每人出生年月日时及何时娶妻、何时生儿育女诸事。对于逝者，则将其卒逝年月日、坟墓地点及方位等，一概记述明白，不得有一点差错。

圆谱 修谱工作初步完成后，须经修谱委员会再三核实、审定后，才能宣布圆满成功。其时，各方亲朋好友都要前来祝贺（俗称"贺谱"），特别是本族人迁居外地落户，到时须派代表前来庆贺，修谱委员会也须格外热情接待。圆谱时，须进行圆谱庆典，场面非常隆重、热闹。

圆谱时，第一步是祭祖。早上卯时（六点左右）开始，仪式由大总裁主持，礼仪司负责指挥。其间一切事务均听命于大总裁、礼仪司，任何人不得违反，更不准闹事。

祭祖时间一到，大总裁宣布圆谱庆典开始，顿时礼炮三响，乐队齐奏。随后，礼仪司宣布族长祭祖。族长手捏三支清香，点燃后转身向外朝天三叩拜，众人也一齐向外示意。然后，族长回身向祖先跪拜三叩首，敬酒并点燃预先放置的巨烛、大香。族长祭祖完毕，各房房长、大总裁、下代族长依次拜祖。然后是本族迁居外地的代表及本族村民依次参拜。参拜时还有一项禁忌，即本族妇女如来月经或着短袖、穿裙者绝不能进宗祠，更不能参加祭拜。另外，外姓村民只可观看，不可祭祖。

祭祖完毕，开始行会。是时，宗祠前晒场上置一张供桌，供桌放在两条长凳上，桌上放拜菩萨用的供品，族长、房长跪拜后，行会开始。行会以礼炮开路，大旗当先，随后是四人扛抬的全猪、全羊。旗队中有两顶轿子，一顶轿内放祖先画像，一顶轿内放新修宗谱，后面由族长、房长及村民护送。行会队伍绕村一周后回宗祠，将祖先画像及新修宗谱放回原处。

行会结束后，举行各房宗谱发放仪式。宗谱发放仪式在戏台上举行。戏台横放一排长桌和椅子，桌面铺上红毯，大总裁宣布宗谱发放仪式开始，礼仪司宣布鸣炮奏乐，并宣布族长、各房房长、大总裁、下代族长、本族迁居外地代表及主要宾客上台就座。然后，由族长、房长、大总裁、本族迁居外地代表及宾客代表分别讲话。讲话毕，礼仪司宣布宗谱发放。大总裁将整修后的各房宗谱交付族长，族长代表本族村民向大总裁及负责修谱工作的全体成员行鞠躬礼，以表谢意，接着把宗谱交给下代族长，表示祖先"万世家宝"世代传承，然后把宗谱分发给各房房长。

宗谱发放仪式结束后，进行龙舞、高跷等表演，最后开场演戏。演戏或三天三夜，或五天五夜，以庆祝本届修谱工作圆满成功。

新中国成立前，修宗谱较为普遍。之后，逐渐少见。"文革"期间，宗谱被视作封建糟粕毁去不少，但还是有人将本族宗谱偷偷珍藏起来。20世纪八九十年代后，修宗谱习俗又开始流行，并沿袭原来的程序。

宁波传统村落田野调查·岩头村

六 诗文选录

（一）诗　选

1. 狮岩八景诗

日月并参
王　暮

日行迅急月迟宽，待月初升日已残。
屹若两山偏并峙，朔时都作望时观。

狮象对踞
王　暮

一承金宿一瑶星，禀受群推二兽灵。
漫讶名山何得似，在天成象地成形。

东岭松涛
王　暮

虬松百尺胜徂徕，盖地浓荫护绿苔。
听到萧萧风乍动，翻疑声是海门来。

西峰竹浪
王　暮

世上仙踪果有无，洞门寂寂长蘼芜。
入山便得忘机趣，一片飞云活画图。

钱潭雨施
王　暮

脉脉山泉百道通，一潭轮廓与钱同。

须臾结偏凭空撰,雨过芳原绿意丰。

日月并参

洪璇枢

两峰相对立,形势异诸山。
不信双轮转,能教万仞环。
扶桑看早驾,仙桂拟高攀。
此境壶中有,登临往复还。

独山环翠

范邦千

千丈芙蓉对面开,最高峰处绝尘埃。
行人眉色都苍秀,疑挹西山爽气来。

曲涧流清

范邦千

飞瀑悬空万斛珠,汇成一道绿莎渠。
疏花半掩桥边路,人立斜阳数锦鱼。

仙洞云飞

董　沛

长藤引明月,微路入杳冥。
白云相往还,荡作秋罗轻。
时有仙人来,招我赴玉京。

东岭松涛

董　沛

孤松挺岁寒,西风与之角。
如有十万军,乘虚战危谷。
恐惊山中人,残梦带愁觉。

西峰竹浪

董　沛

修竹藏寺门,深深不知路。
僧房小于舟,浓碧隐朝雾。
烹茶当此间,聊以证杯渡。

钱潭雨施

董　沛

岚光晓如沐,新翠沾苔衣。
灵壑蒸微云,雨至不失时。
知乃天地气,山泽呼吸之。

狮象对踞

郭传璞

灵韬同化工,两山截然峙。
其一肖狮形,仿佛目圆视。
其一作象状,矻矻露石齿。
突兀锁钱溪,庄严有如此。
近接东岭涛,吼声中夜起。
高把瑶光精,势斗成岿巍。
金峨雪窦外,迁胜定陟彼。
何时棹剡川,杖策搜清绮。

2.新拟狮岩八景记

  论文者曰:"局常则意欲新,意常则语欲新。使惟是陈陈相因,拾齿牙之余论,作者不能自立机杼,阅者何以称快心目?"故夫推陈出新,文之要诀也。而观览景物者,亦如是焉。昔柳州逾黄茅岭,而品小石潭之奇,欧阳公行琅琊,而著酿泉之美,苏长公泊彭蠡,而得石钟山之真,岂人所未经见者哉!夫亦独具慧眼，于不尽品题中而品题之遂足以新一世之伟观。今石台氏之新拟《狮岩八景》，其亦作是想乎？狮岩，毛氏旧居也。毛氏世有达人，登临于东岭西峰，独山曲涧之旁，岂未举狮象日月之瑰奇、仙洞钱潭之云雨而注意乎？盖题咏有人，而八景之相传，固已久矣！石台诸君，犹以为未足尽狮岩之形胜也。于是同其族人，目寓神谋而新拟之。见去溪争流，自上下下也，则曰"狮岩吼涛"；见夫地醴灏汋，汝粉益光也，则曰"古井灵泉"；见夫石罅咄涌，如漱鸣玉也，则曰"灵岩滴水"；其所谓"双桥偃月"者，见控扼有要焉；其所谓"孤寺栖云"者，见拥护有灵焉。而奔马曳缰、骊龙戏珠、惊蛇出峡，则又列冈峦之体势，肖岩壑之精神矣。名之悉也，状之工也，非借筹异地而仿佛有无也，因其前之拟及者而详拟之。于以见其景之真，因其前之未及拟者而酌拟之；于以见其景之备，即景留名而缘名志胜，觉狮岩中实有是天造地设足以快人观瞻者，何弗继先哲之题咏而新拟之哉！其视欧苏诸巨公之独出慧眼，以显未显之奇者，有异乎哉！不第此也！予知毛氏族中，必有养深学邃、工于文律、素期推陈出新之要，如柳之峭、欧之醇、苏之豪之立言不朽，以为宗祧光者，而拟景其小焉者也。因心羡焉而乐为志之。至地灵人杰、钟奇毓秀之言，知有怀锦囊、握椽笔者，从而赋之矣，故不复赘也。

道光五年岁次乙酉余月上浣嘉庆庚午科举人择选知县二曲宋佩梧冈氏撰。

3. 新拟狮岩八景诗

狮岩吼涛

唐祝三

虎踞熊蹲隔几峰？话将狮吼肖岩容。
灵泉自合喷珠玉，怪石从教起蛰龙。
料得鸣雷惊一啸，争看飞瀑挂千重。
山翁梦里符南史，始信神奇秀独钟。

惊蛇出峡

唐祝三

巫峡连云迥出奇，灵蛇底事陡惊驰。

松涛吼处难栖鹤，萝月旋时好引螭。
岩脚蜿蜒晨旭丽，岭腰伸缩晚霞披。
操神未许夸蛾负，转笑愚公想自痴。

注：即天蛇头。

古井灵泉

俞镇之

山下蒙泉一线通，井收勿幕养无穷。
有灵不染人间秽，用汲均叨地府功。
夏冽冬温川脉正，跳珠戛玉水花融。
我闻欲肃衣冠拜，受福应知万户同。

灵岩滴水

王诒燕

灵岩壁立倚崇冈，水似铜壶刻漏装。
几点高悬珠子细，千声碎滴玉叮当。
脉联古井源多活，音送狮山吼倍长。
检点炉铛烹雪茗，骚人便欲浣诗肠。

双桥偃月

王诒燕

双桥屈曲筑前溪，偃月嘉名巧样题。
一璧平分波上下，半规齐接岸东西。
钩脚碧水惊鱼误，映遥岑顾兔迷离。
莫笑伊人天路远，曾来蟾窟步云梯。

孤寺栖云

王诒燕

峨峨孤寺傍西峰，一入禅关迥不同。
缥缈如游银世界，氤氲只在白云封。

堤前残卉时迷蝶,亭外苍松欲化龙。
忽听狮山新雨后,涛声杂沓到疏钟。

奔马曳缰

王诒燕

何年房宿独钟祥,石马天然自异常。
任势超腾看匹练,随形奔轶曳飞缰。
危岩涛卷追风影,古井泉明逐电光。
岂是当年休武事,故教遗放华山阳。

注:即骑马岩。

骊龙戏珠

王诒燕

别有山山入画图,骊龙曾似戏明珠。
岩前屈曲形难定,颔下匀圆状自符。
吐纳千峰云气拥,玲珑一凸露痕孤。
樵夫竟作重渊想,伺睡窥探得也无。

注:即岩头山对岸珠山。

古井灵泉

郭传璞

我闻掘金牛,邺侯惠普洽。
兹井利吾乡,相沿几尘劫?
虫虫炎歊蒸,繘绠济困乏。
活水涵真原,苔花古甃夹。
耿恭拜辞劳,梁鸿汲许狎。
品作中泠泉,旗枪煮如法。
涤我烦恼襟,清风袖底噆。

狮岩吼涛

郭传璞

岩石嶙峋峙,狮形谁削椠?
淙淙汇细流,并响入空嵌。
罡风搏砰訇,涛声动地撼。
奔湍激余怒,相将势欲啖。
始叹造化奇,文章谢雕錾。
一丘与一壑,胜概有兼挈。
幽人此结庐,雅怀获冲澹。

双桥压虹

郭传璞

烟火万家村,村绕花与木。
一碧泻中流,截划鱼鳞屋。
探梅沽春客,胡以通往复。
雁齿双桥横,倒沉虹影覆。
融融流不去,似弓惊鸥鹜。
红雨落飞花,波纹皱雾縠。
驾空傍柳荫,莺歌送驰逐。
知有题柱者,到此住车辐。

灵岩滴水

洪璇枢

断崖青似削,灵气泻奔泉。
流处峡疑倒,年深石欲穿。
天晴亦风雨,日暮只云烟。
一落强千丈,庐山瀑共悬。

惊蛇出峡

庐以炳

蜿蜒山势盘,多似蛇行曲。
何哉此山奇？危状幻伸缩。
想从太古前,灵蛇久蛰伏。
疾雷动地来,陡然出幽谷。
惊绝神未定,盘盘成蜷跼。
颇嫌雄杰姿,当道阻游足。
郁纡难猝穷,吞吐岚光郁。
应有青衣童,捣药云中屋。
何来攀天手？一击中岩麓。
使之首与尾,应接妙回复。
倦云卧地青,堕叶浮涧绿。
依稀灵化身,脱蜕纷绮簇。
有时起大风,飒爽撼林木。
行歌樵牧来,到此骇心目。

骊龙戏珠

秦运钧

我与故人长别离,犹记纵谈风雨时。
喜夸剡源形胜奇,冈阜自具天生姿。
一山盘绕起伏势,犹龙张鳞摆颔,
风云从斜峙,一山复殊形,
恍如珠落玉盘走忽停。
高圆起处瑞光聚,岂是出峡蛇惊吐。
天然滚来九九鳞,相抱相戏神飞舞。
奇哉！二山隔不盈尺咫,
掀腾青云气万丈,簸弄明月光千里。
君不见,卧龙蟠屈东扬州,

傍枕其股万屋稠。又不见,
鄞西雪窦含珠林,松杉偶舞动螭蜉。
兹山不过村前八景一,何意远近奇景都蓄收?
登高起狂讴,暮云低岩湫。
望故人兮何处?山容山情依旧春与秋。

奔马曳缰

屠寿同

上帝飞驭役万灵,凿尽鸿蒙纷紫青。
行空天马欲驻足,偶然坠地成山形。
山形嵾崒俨腾骧,坡陀低护似曳缰。
一岩陡绝俯溪口,势将饮尽水泱泱。
巉岩怪石森天骨,惊人意态雄且杰。
平原日落晚山红,应是骅骝汗流血。
追风健步谁能驯?孙阳伯乐未见闻。
灵草奇花作衔莩,不然逸去空其群。
玉洞仙人双髻绾,到此据鞍雄顾盼。
骊龙惊蛇尽奇观,左右一一呈变幻。
剡源山色终古幽,我欲往作凌云游。
奋衣振迅出林杪,立马一览众山小。

4. 狮岩杂咏

醵饮西峰寺

陈 著

虎踞熊蹲隔几峰?话将狮吼肖岩容。
灵泉自合喷珠玉,怪石从教起蛰龙。
料得鸣雷惊一啸,争看飞瀑挂千重。
牢穿不借踏清晨,信与林泉有夙因。
忙里偶成真率会,醉来不省乱离身。

归途西岭何妨晚,吹雨南风正送春。
烧笋煮茶须再到,一山古意要诗人。

游西峰余儿时读书其旁

戴表元

山回水抱西峰寺,二十年前日日来。
一出居然负丘壑,深藏还此远风埃。
农樵识面逢多问,鱼鸟知心见不猜。
家世剡人须住剡,相寻未识百千回。

题西峰寺

王天爵

西峰峰下西峰寺,唐代以来八百秋。
石古苔痕逢雨滑,云深竹径锁烟幽。
青山不老仍前色,绿水无心换旧流。
游客莫夸蓬岛好,栖真此地小瀛洲。

游狮岩庵

高天望

取次游名胜,登临兴不删。
巉岩四壁立,洒落一泉湾。
径曲林遮幕,堂空云掩关。
人天相接处,曾许几人攀。

钱溪水碓

孙　熊

隔溪滩水声,日夜闻澎湃。
不知是水舂,舂撞设有械。
欲见所未见,行来至郊外。
扼要屋数椽,束流使赴隘。

中悬飞轮高且大,水冲轮转机不停。
臼杵之利民咸赖,稻黍秋稷粟麻粳,
争来就碓人奔忙。
雷霆走平地,霜雪喷中央。
耸观陡觉六月凉,或揄或簸去秕糠,
照地忽现珠玉光。
诚哉辐车法加良,反觉断木掘地古制未精详。

仙人迹

林 沛

层峦高耸白云屯,上豇天门下石门。
昔日烂柯人已去,当年脱履迹犹存。
三生话罢原无约,一片云移似有根。
留得谢公双屐在,好携明月印苔痕。

注:在村南山顶,岩上有迹,俨如人足所履。

仙人洞

林 沛

山深路僻隔尘寰,古洞清幽峭壁间。
流水自流烟漠漠,落花将落雨潺潺。
饮泉鹿向云中去,采药人从海上还。
知是蓬莱奇绝处,桃源何必问仙关。

注:即在仙人岩迹岩下。

金钱潭

林 沛

路入西坑别有天,一潭匀净贴金钱。
虚涵镜彩三秋月,长抱珠光一径烟。
老树扶疏随浪阔,苍藤盘曲赴波圆。
最奇祷雨桑林后,惊起骊龙夜不眠。

注：即西坑龙潭，潭口水底岩上有印如金钱，天旱祈祷即雨。

狮子岩

林 沛

何物肜肜倚碧空，居然搏象势争烟。
雄鬣雾鬓千层上，玉爪金毛一望中。
毓自西方称瑞兽，飞来剡水逞英风。
倩谁规抚坡公赞，好为山灵写化工。

鹫岭乔松

遇 清

蚰蜒峰下鹫飞还，拜扫年年到此山。
蔽日乔松高百尺，清阴冉冉覆禅关。

龙山明月

遇 清

山形何足拟龙形，风举云从果有灵。
一颗颔中珠欲吐，清光不觉满青冥。

岩溪卧狮

遇 清

岂果金精降九霄，石头石尾浪中摇。
懒将击象逞威力，不肯低身过下桥。

山寺啼鸟

遇 清

几丛修竹护西峰，古寺翛然俗虑空。
读罢楞岩听好鸟，何烦携酒绿荫中。

5. 狮岩形胜诗

犊山外拦

毛凤喈

罗城口贵塞罗星,华表捍门倍觉灵。
村外一山眠若犊,横拦去水个中渟。

虹桥横卧

毛凤喈

两山排闼耸当空,中有溪流隔不通。
架石为桥如半月,却疑雨霁落长虹。

狮股高蹲

毛凤喈

一山突兀峙村东,浑似狰狞狮子同。
入晚团圆明月上,群疑球捧弄当空。

象鼻横伸

毛凤喈

山势绵延拦水边,象伸鼻管却同然。
溪涯底事年年卧,吸尽西来万斛泉。

金盘山环

毛凤喈

连山杜岭有金盘,个里金盘更足观。
绕绕湾湾行不得,蚁穿珠曲可同看。

钱潭庙古

毛凤喈

庙号钱潭自古名,有求必应贵虔诚。

最灵第一求儿事,伦得求来子自生。

西峰竹韵

毛凤喈

山中古寺号西峰,密竹萧森四面封。
风起篁鸣轮逸韵,与人吟咏和琤琮。

东岭松涛

毛凤喈

路经东岭翠千重,密密疏疏尽是松。
风起涛声喧若许,龙吟涧底讶相逢。

砚池储水

毛凤喈

岩壁字镌有砚池,风嘘水色漾漪漪。
山花倒映文章丽,鱼唼残英数可知。

魁阁云深

毛凤喈

岩溪学校建溪边,后有魁星阁近天。
恨煞空将朱笔握,何时许点快争先。

听琴庄杂咏(在石夫人之麓)

毛　铿

山峰凸凸水深深,绕屋扶疏树色侵。
最是闲居无事日,晓窗时对鸟谈心。
烟消炉鸭寂空庭,每到更深罢读经。
闲坐小窗听夜雨,流萤飞扑一灯青。
潇潇暮雨透疏棂,碧锁烟痕入画屏。
竹径流萤飞不住,随风送过绿杨汀。

竹榻迎风半掩屏,荒斋静坐久忘机。
黄莺听罢斜阳里,一曲樵歌唱晚归。
空山雨歇静无声,篱脚蛤蟆两部鸣。
惊破梦魂时一觉,半窗斜月照三更。
一轮明月照当头,户外青山气欲秋。
此夜清凉应共纳,何人吹笛倚高楼。

附:听琴庄记

庄胡,以听琴名也。古人命名,必有所志,故喜雨亭者,志喜雨也。昔祖父母卜葬于斯,吾父构庐数椽,以为省墓时休息之所,十余年矣,而未有其名。戊戌春,适余家居,爱其地,山回水抱,颇有佳景,遂与弟宏、镕读书其中。出入优游,昕夕不离,致足乐也。至晚罢读静坐,遥闻玖玖琤琤,如松篁之成韵,如金石之相摩,如丝桐之迭奏。出而视之,但见松月皎洁,竹露凄清,万籁静寂,虚谷幽鸣。嘻,异哉!此非琴声也,何以宛似琴声耶?既而悟曰:"此水也,非琴也!而其声之似琴者也。"于是入而凭几悠然而听之,不觉心旷神怡,如伯牙置身蓬莱,而移情于海水。古诗云:"水作琴中听。"不信然乎!爱执笔而记之,以示宏与镕。

牛渚咏

毛 翔

西江牛渚不胜秋,袁谢当年此泛舟。
幕府佳游乘月夜,诗人高咏自风流。
千秋感慨怀知遇,一夕声名起唱酬。
莫道南朝人物少,婆娑老子又登楼。

6. 祠堂记、序

新建祠堂记

佚 名

人莫不有所自出,知所自出,则知所以报本矣。报本莫大乎追远,追远莫隆于崇祀，崇祀莫先于立祠。故君子将营宫室，必先立祠于正寝之东，以奉祀事。岩头毛氏祖祠，自乾隆丁巳（1737）度地画规，越戊午（1738）而功竣，属予记之。予不揣谫陋，遂志其前世以及其堂之所由成。始祖宣义公，石门季初公后也。洪武三年（1370）始迁岩头，本支繁衍，各奠于室，未统一寝。今之为寝，规模宏敞，厥制井然。始祖宣义公以下，继继绳绳，无所遗、无所渎秩如也。若夫祠以外，东望榆冈，玉簪阴见，西顾山门，叠嶂千云；背则象峰峨峨，面则钱潭滚滚，固天然之胜也。至其朝丹夕翠，千汇万状，渔歌樵唱，迭起互生，又极视之娱而应接不暇也。以制若彼，以景若此，谁实为之？是在子若孙，慷慨从事，踊跃赴功，有足多者焉。捐地则绍如者，是捐田则瑞中者是未已也；捐金以应不时之需，如维经、瑞咸二公；而荣如、德华、怀邦诸公，庀材鸠工，竭精殚力，则固综其祠宇落成之始末云。

毛氏宗祠报本堂记

陈应熊

乾隆己酉春，岩头毛氏修葺家乘，董其事者，属余襄其成。延至堂及寝，寝上有额，颜曰："报本"以记。问余，余曰："物本乎天，人本乎祖堂。固祖所凭依也，君家何以为报？"及一再询之，始悉其由其大者，旧无成寝，子孙构宇而奠之在天之灵，晏如也。其次，族姓繁衍，三十年间，谱凡再葺，一体之遗炳如也。若夫惕怵凄怆，岁时荐豆，序昭穆、列尊卑、瞻斯堂也。筹及于祭之不丰，丰之不继，则又充类至尽，规模宏矣！日长至万物始生，追所自出，必有常稔之田。田自一人倡之，后多踵而输之。至十余亩，输者无难色。节逢交年，率其绳绳以羞祖考，亦必有田，世世守之无斁。其他春秋祭告，修除芜秽，整齐严肃之规，不胜殚述。总之，以祖德为兢兢，昔者晋国王公以"三槐"名其堂，意在子孙有拔而起，莫挤而止也。魏国韩公，以"书锦"名其堂，谓及其身成功而退，知足不辱也。浙西梅氏之堂得赐诗曰"有美"，则以湖光明媚，松篁摇曳，与堂相掩映者名之也。毛氏聚族而处，人文辈出，堂又介于山水之间，蔚然深秀。释兹不取而独索其义于本，其所以名其堂者，信非无实而滥居之者矣。夫积厚者流泽广，积薄者流泽狭，自诬其祖，积薄之谓也，溯典不忘积厚之谓也。毛氏命名而不忘其厚之至与，爰不辞谫陋而为之记。

毛氏宗祠报本堂记

万物本乎天，人本乎祖。报本者，必成寝庙。修祀事、广祭田，我将我享，与世无极，此岩头毛氏报本堂所为建也，顾子犹有说焉。木之本为本，枝叶扶疏，始不负其本之深；水之源亦为本，波澜壮阔，始不负其源之远古有之。尊祖故敬宗，敬宗故睦族，族既繁衍。父与父言慈，子与子言孝，兄与兄言恭，弟与弟言悌。饫之以稼穑，昌之以诗书，和之以亲睦，而后显之以文章节义勋业。扶疏者无梗枝、无须叶，而益以滋长，壮阔者无颓波、无狂澜，而益以宏深。祖宗昌后之意于是乎？大慰祖宗之意，慰而报之者至焉，报之时，义大矣哉！汉之金、张，唐之崔、卢，阀阅钜家也，顾未闻有推考其所自出者。颜闵原氏，陋巷之子，而宙宫堵室之徒也。王者必推愿于其祖、父，此又存乎其人之自命。宋张氏太宗尝以"忍"字赐之；明浦江郑氏、洪武初，其"敦睦"授之以官。予谓"忍"与"敦睦"，皆原于孝悌之心。孝无不爱，弟无不敬，爱敬之至，能睦宗族，即能通神明。故曰："惟孝子为能飨亲。"能飨者，能报也。毛氏之堂，建于乾隆丁巳，庀材鸠工，时则有若荣如、德华、怀邦诸公；捐金应需时，则有若维经、瑞咸诸公；捐置田地时则为若绍如、瑞中诸公。其于报本之说，无所忝矣。因怀邦公第四世孙予友孟迁来嘱记，予更推广其义以质之。毛氏诸君子，其亦以为有当也耶。藻缋声华，铺张山水惧亵也，予不敢赘。

时道光五年岁支在鸡后立夏三日锦溪周步瀛顿首拜撰。

崇德堂记

竺 勤

岩头之上有峰焉，迤里嵯峨，矗云而起，令人凭远眺、畅襟怀，崇然不可攀者，盖其体势崇也。毛氏宣义公，以洪武三年，卜宅于兹山之下，构遗一堂，大书"崇德"，字揭诸额，其亦有如登之志欤。夫崇德之说，一见于子张问孔子，答之曰："主忠信，徙义。"再见于樊迟，问孔子，答之曰："先事后得。"后之人合而观之，知忠信，德之基也，义，德之用也。主以立本为崇，徙以日新为崇，正其谊不谋其利，明其道不计其功，作事宜先，获效宜后，此崇之之义之，深切著明者也。今以崇德名其堂，岂非有志从善者哉！余闻之，行一善而有得于心，谓之德。圣人修六经，眷眷于进德、育德、据德、明德、迪德、修德、新德、敬德之中，虽不言崇，无之非崇德意也，然则崇德之义大矣哉！列堂下者，入而瞻额，出而学出，其无负命名之义。爰为之铭曰："德本于性，崇之在人。卓哉！圣训千古，共遵祖先，思绍堂构维新。登斯堂者，一贯是勤，为善无伪，渐积渐臻，由下而上，咸仰嶙峋，极其质至，德盛化神。"

谷诒堂记

竺　勤

前朝洪武三年，宣义公徙居岩头，遗一堂曰："崇德。"又于庙后续建一堂，即今所云"谷诒堂"者，是将前后两堂，统作东西两房公业，其大较也。余谓祖宗之业，子孙享之。宣义公既示堂曰"崇德"，旋复以"谷诒"名其后堂，意固在树德务滋积善，以贻后嗣，后嗣必食其报。昔者王公尝手植三槐于庭，曰："吾子孙必有为三公者已而。"其子文正公、孙懿敏公，皆忠恕仁厚，并为有宋元臣、苏眉山著之堂铭，谓天其果可必也。今毛氏之"谷诒"，何独不然！居是堂者，念前人式谷之意，恢宏而光大之，则世世引之弗替矣！记之于札以俟，夫后之克绳祖武云。

新建崇本堂记

岁乙酉，予读礼家居授徒。于癸酉，改筑之祖祠"溯源堂"。朔望登拜，昭穆秩然。因念旧贯颓落，寝堂逼仄，主类跻僖，抚今井井廓乎有容，私心窃喜者久之。夏五，予戚属岩头毛君石台，予友酉庚先生元方也，以七月之杪，为祖祠崇本堂落成，手录议建颠末，邮书属予为记。予曰："是役也，何与予私心相吻合哉！"毛氏向有报本堂，亦近构。乾隆戊午，始祖宣义公以下主悉祔焉。宣义公自石门徙居岩头，越二世，分东西二房，至今十有九世。东房子姓，盛于西房，而东房派系，惟九世国正公后为尤盛。公三子：长克应公、次克昌公、次克隆公，即今所称三房者。是数十年来，螽斯叠庆、瓜瓞连绵。后人之主，多至寝次莫容，有心者宜其虑昭穆之或紊，而思有以处之不置也。乾隆乙卯春，国正公五世孙维忠、六世孙宇盛、七世孙圣范诸公，为荐公墓率亲属诣朱家墺，徘徊松楸间，孝思怦怦，慨然欲为公别构一祠，众皆唯唯，怂惠从之恐后。爰旋家立议，各房衷资蓄聚。至去年庀材鸠工，而告竣于今秋七月。夫物本乎天，人本乎祖。今毛氏建斯堂，命其名曰"崇本"，其或隆庙祀以崇之忾闻,優见用妥先灵,其或绳祖武以崇之。缵绪象贤,聿光世德,顾名思义,当必有取尔焉。然予独异是堂之创议,迩来仅三十年而卒告成功,则知非前君子莫垂其绪;非今君子莫继其志何!毛氏多根,本人也因不自揣诠次,其议建颠末而谨记之。

道光五年岁次乙酉相月上浣谷旦乡进士候选文林郎嵊邑王暮懋庵甫顿首拜撰。

重建报本堂序

古者天予义以率祖,使天下其率其祖;仁以率亲,使天下其率其亲。闭宫清庙由来尚矣!降而士庶,或二或一,皆得立庙,以严祀事者。盖宗祧于此辨,子姓于此萃,尊尊之义出其中,亲亲之恩出其中,礼莫大焉、典莫隆焉!乃窃见世之涂蔇茨、勤垣墉,丹腾朴斫,一己之室,庐勤而加勉。而于先人寝庙,未建则安于阙略,已建则任其倾圮,呈是岂孝子仁人之用心哉?昔毛氏自始祖宣义公肇迁狮岩,历十二世,而家声丕振、仁孝辈出,创建祠宇象山之麓,颜之曰:"报本堂",非报其祖之功欤、宗之德欤?其言本者,谓物本乎,天人本乎!祖之有祖,犹水之有源、木之有本,已乎未也,殆本乎义,以敬其所尊本乎!仁以爱其所亲,是即圣人所以孝教天下之至意也,报本之义大矣哉!迨其后,梁木侵蠹栋折,将压堂之久而渐坏者,势不可以一日居。又曰子姓繁衍,龛堂逼仄,未及迁祧,已不能廓乎!有容以致昭,不得与昭齿穆,不得与穆齿视,此剥蚀狭隘之弊,而不思有以更新之,何以慰幽灵而广孝思乎?于是拓基址、高闳闳、堂庑台门,或增楹、或架楼。其时负者、戴者、筑与削者、度支繁矣。问谁预为应时,则有若汝成先生,其人木者、石者、陶与朽者,百工集矣;问谁董其事?则有若荣膺、仁立、仁熙三先生其人;抑选择宜精也,则有荣伦先生;诹其吉大木宜求也,则有荣丰、仁寿两君度于山,鸠工庀材。建始于道光庚子九月,越壬寅十有一月,进主以奠昭穆,而其工告竣。殿宇宏敞,轮奂壮丽,焕然改厥旧观。睹斯堂者,咸以为毛氏前有怀邦诸公,创于始而美以彰,后有荣膺诸先生,扩其规而盛以传。诗所谓"永言孝思,孝思维则"者,诚代不乏人矣!则夫先王尊祖敬宗、敦本睦族之风之浃于人心者,不予毛氏,益见其深醇哉!毛君,余友鉽之胞兄也,曾葺家乘,寄略问序于余,故不辞谫陋,因所述而为之序。

咸丰丁巳岁仲春月上浣之吉赐进士出身翰林院编修鄞邑孙学駉怡庄氏拜稿。

（二）文　选

狮岩八景赋

客有爱名山而入剡者，历四明，溯九曲，遍幽栖，谘胜瞩。款狮岩之敝庐，谂云岫之全局。主人囅然曰："吾子双屐一筇，五岳罗胸。何上追乎桑郦，犹旁采乎菲葑。拟小园之作赋，惭细响之如蛩。赤云白云之窠东横，喷雪飞雪之窦西映。高湖北俯而崔嵬，班溪南演而澄净。此由遐观，无须博评。环村皆山，清流缭绕，奇巘回环，有取象于天者。日盘圆上，月魄斜弯，冬夏相望，今古就班。辉连璧合，云去轮还。依稀兮瞻天目，仿佛兮升天关。上有乌兮不我逝，中多桂兮许人攀。有取象于物者，鼻曲例钩，尾大方斗。曰象、曰狮，居左、居右，恍散原之鹁鸾联，俨陪京之龙虎耦。草木丛生，则与之偕藏，风云骤起，则相将欲走。千虬竞翔，万盖争张，则有东岭之松焉。月筛钗碎，雪压玉镶，忽银河兮浪起，陡罗刹兮波狂。风骚骚兮淅淅，涛溶溶兮浪浪。杂豹熊兮叫啸，沸岚霭兮飞扬。可终日听使陶弘景，增其意思如万斛泉。惟苏子瞻有此文章，琅玕之玉丛丛，潇洒之书卷卷。则有西峰之竹焉积，翠云生流青浪见。当雨过乎山腰，恰风来乎水面，枝枝助厥波澜，个个为之辗转，将浮云茶户蜗居，欲泛竺王朵殿。僧居则红嫌桃杏之俪，人到则绿染须眉而遍。然皆苔黏木合，未见孤秀之姿。《尔雅》曰：'独者，蜀。'此亦有之，莲抽直干，蓉削旁枝，衔应卓笔，象是立锥。四面削成之象，一头放出之时，挂以寿藤古柏，护以浓霭微露。墨泼读米家之画，崿连嗟谢氏之诗。然皆重累磊砢，尚需源泉之倾泻。《葩经》曰：'考盘在涧。'更有曲者，避石横流，临崖高洒。斗循竹径，而西折入松门之下。涵铜镜兮芒寒，铿玉琴兮音雅，照肝胆兮常秋，涤烦嚣兮无夏。随盘谷兮转转，耳殊之江兮浑浑也。"方言此时，客亟称快。山何必岱岳千寻，水何必浔阳九派。惟奥惟旷，即图即画，惬我性情，在兹世界。然且谓之凡山，盖山必有仙则名，往者秦弄玉许，飞琼旌幢，会驻洞府。是营花围午午，树绕庚庚，鹤犹留守，云不随行。扪四壁兮泽泽,拦双屏兮英英。许我辈兮借住,望彼美兮来迎。月底时闻箫吹笛奏,云中有若犬吠鸡鸣。然且谓之凡水,盖水必有龙则灵,惟彼钱潭清清冷冷,五铢制式,尺木潜形,故鱼鲔兮不淰,觉风雨之常腥。龙之鳞兮,多其原隰,龟之拆兮,免乎畦町。孰可呼者池中物,何以报之藏内经。润千里兮纵输河汉,上九天兮只待雷霆。他若走马栖鸡之石,垂虹飞雁之桥,选佛习禅之刹,讲经演呗之寮,望林植玉,种草铺瑶,鱼鸟亦登乐界,窗楹直在空霄。加以雨暮云朝,丹饫翠饶尘飞,不到天去非遥时,与目遇顿觉心超。所以墨客多为之染翰,骚人每为之兴谣。客乃轩眉神舞,支颐意醉,洽其胜情,咤为诡致。挈榼提壶命俦啸类,萝藦入深苔践忘坠。腾猿凥于峭青,剔乌篆于丛翠。欲无险之不臻,必有幽之悉至。主人既谢客而归,即吮豪而志。聊师樊榭之列为九题,以待诗人之纪以七字。

道光乙酉皋月中浣锦溪周步瀛丹洲甫稿。

宁波传统村落田野调查·岩头村

七 乡贤名士

（一）历代乡贤名士简介

岩头村历代出举人、秀才。其中有名的有两浙书法家毛玉佩、蒋介石老师毛思诚，在民国时期因为蒋介石发妻毛福梅的关系，还出过好多将级军官，如毛邦初兄弟、毛景彪父子等。

毛宣义，江山清漾毛氏第三十九世孙，奉化石门毛氏第十四世孙。明洪武三年（1370），毛宣义卜居岩头，被尊为岩头毛氏始祖。

毛澄（1461—1532），字宪清，号白斋，晚号三江。奉化毛氏毛孟光（如三十公）曾孙，迁居苏州昆山县。明弘治六年（1493）状元。授修撰、左谕德、左庶子且为直经筵、侍讲学士、户部侍郎，正德十二年（1517）任礼部尚书。卒赠少保，谥"文简"。以工书画和敢谏闻名于世。

毛宗敷，字于承。明洪武八年（1375）举贤良，初任江西新宁县丞，历官至广东惠州。

毛仲纶，字子猷。元至正丁酉年（1357）进士，历官至邳州知州转山西平阳府同知。

毛叔玠，明洪武间贡士，授内阁中书任福建延平府南平知县，累官至佥事。

毛于廷，名宗凯，以字行。明洪武辛酉年（1381）选文字，累官至湖广辰州府知府。

毛宇宪，名宗袞，以字行。明洪武甲戌年（1394）举贤良，官至同知。

毛崇韬，字仲源。清代，确年不详。两浙军门千总。

毛玉佩，字孟迁，号石台，又号伴我山民，剡源岩溪（今岩头村）人，清嘉庆间诸生。幼好读书，酷爱书法，日取古人法帖临摹，喜作七尺见方擘窠大字，称两浙之冠。曾驻迹姑苏，求书者踵至。每见名花奇石，则忘情不去。一生慷慨挥毫，留下墨迹甚多，今岩头村白象山脚石刻"石泉"及"石台"即其手迹。道光十二年（1832），其独子夭逝，孑然无靠，晚景凄凉。七十三岁辞世，葬于离村五公里斧头山下。著有《学书略则》等。

毛思诚（1873—1940），原名裕馀，字采馀，号勉庐，奉化剡源乡岩头村

（今属溪口镇）人。早年为秀才。1899年，他在村里设学馆。1902年，16岁的蒋介石在他学馆温习《左传》、圈点《纲鉴》，师生间建立了深厚的情谊。嗣后，毛思诚执教奉化龙津学堂、宁波府中学堂、衢州省立第八师范学校。1925年4月，应蒋介石之邀，任黄埔军校秘书处少校秘书。次年，任广东潮阳县长，8个月后辞归。1927年后，历任国民革命军总司令部中校秘书、总司令办公厅文书科上校科长、总司令部副官处文书科上校科长（少将待遇）、国民政府主席办公室秘书等职。1934年7月，任监察院监察委员。七七事变后，养老归里。1931年，为蒋介石编成《自反录》。1936年10月，编成《民国十五年以前之蒋介石先生》《蒋介石大事年表》。他工文能诗，另有《评注国文》《性灵诗》等专著传世。

毛懋卿（1876—1963），学名秉礼，岩头村人，蒋经国母舅，清末秀才。北京高等警官学校毕业，任慈溪县警察所长。后赴广州，在黄埔军校总务部门任职。不久，任广东东莞县县长。后任宁波公安局局长、中国农民银行常务董事、鄞奉长途汽车公司董事长兼总经理等职。1950年，鄞奉公司改为公私合营，任副经理。1959年，应邀去北京参加中华人民共和国成立十周年观礼。任中国人民政治协商会议第三、四届全国委员会委员。

毛福梅（1882—1939），岩头村人，岩头祥丰南货店老板毛鼎和的次女。其大哥毛怡卿早年在宁波、上海经商，1927年回岩头老家隐居。二哥毛懋卿，清末获秀才功名，后考入北京高等警官学校学习，毕业后任慈溪县警察所所长。1901年冬，20岁的毛福梅与15虚龄的溪口少年蒋介石结婚，时岩头毛家的社会名望远胜溪口蒋家。清宣统二年（1910）3月18日，毛福梅生蒋经国。由于蒋介石经年在外奔走，毛福梅将所有的爱和希望都倾注在儿子身上，母子俩相依为命，感情甚深。1939年12月12日，侵华日机轰炸溪口，毛福梅被炸身亡。蒋经国自赣州千里奔丧回溪口，手书"以血洗血"四字，勒石立碑于生母罹难之地。

毛邦初（1904—1987），别号信诚，岩头村（今属溪口镇）人。蒋介石原配夫人毛福梅族孙。1925年，入黄埔军校第三期步兵科，学习期间参加第一次东征。1926年，赴苏联莫斯科中山大学学习。1929年，任中央陆军军官学校航空班飞行组组长。1931年6月，被军政部任命为航空学校校长。1932年，奉命在杭州笕桥筹建中央航空学校，9月1日正式开校，蒋介石亲兼校长，毛邦初任副校长。1934年，出国考察，率部分毕业学员赴意大利深造。1936年12月，任国民政府航空委员会委员。1938年3月，任国民政府航空委员会军令厅厅长。1940年5月，晋升空军少将。同年8月19日，升任航空委员会副主任兼军令厅厅长。1941年3月，增设空军总指挥部，毛邦初任总指挥。1945年5月，选任国民党第六届中央执行委员会候补委员。抗日战争胜利后，任国民政府航空委员会驻美国代表及联合国安全理事会军事参谋团中国代表团成员。1946年6月，任国民政府参谋本部空军总司令部副司令，曾代表国民政府常驻美国，后授空军中将。1949年，去台湾。1951年，受命赴美国购置飞机，遂携眷属定居墨西哥，继迁居美国。1987年，病逝于洛杉矶。

毛瀛初（1911—2000），岩头村人，字信琼，号干涛，毛邦初弟。南京金陵大学肄业，空军军官学校第二期毕业，美国空军参谋大学正科班结业。历任空军第四大队大队长、空军第四军区副司令、空军总司令部作战署署长等职。1949年，去台湾。2000年1月，在台北病逝。

毛颖甫（1880—1963），名绍遂，号颖甫。晚清宁波政法学堂毕业，曾任黄岩盐场知事，暂销局局长。奉化溪口镇毛太昌酒店老板，属蒋介石父执。蒋介石留日期间，曾得毛颖甫多次资助。民国时任交通部航政局镇海办事处主任、军需署稽核。1932年至1937年，任国民政府监察委员。1949年，去台湾。1963年12月5日，病逝于台湾。蒋介石题赠"轸怀耆旧"作挽联。

毛庆祥（1898—1993），毛颖甫长子，谱名宗骧。1916年，去日本留学。1917年，转赴法国专修农科5年。1926年，应蒋介石之邀赴任国民革命军总司令部机要秘书，同年7月随军北伐。1930年，任国民政府秘书、主席办公室秘书。1932年，任国民政府军事委员会办公厅机要室主任。1943年4月，任侍从室机要组中将组长。1948年5月，任总统府机要室主任。1949年，辞职获准，回到上海闲居。1950年，举家迁居香港，后迁居美国。1993年，卒于美国纽约。

毛高文（1936— ），岩头村人，美国卡耐基梅隆大学化学工程博士，任美国通用汽车公司高级研究工程师7年。1972年，去台湾，执教台湾清华大学。1974年，任工学院院长，负责并致力推动台湾清华电动车研究，使之进入实用生产阶段。1977年，兼任台湾《中国工程学刊》编辑委员会主任、总编辑。1981年，任台湾清华大学校长，国民党第十二届候补中央委员。1987年，任台湾地区教育事务主管部门负责人。1988年7月，任国民党中央常务委员会委员。其父为毛景彪。

毛圣栋（1903—1985），岩头村人，毛福梅侄孙。1925年，考入黄埔军校四期步兵科，与林彪同学。毕业后，参加北伐战争。1927年，南京成立黄埔同学会，任登记股股长。1931年，调南京国民政府警卫旅任政治教官。1936年，在南昌空军教导总队政训处任总教官。1946年，任上海市警察局局长宁分局长暨总局督察长。1947年，离开军政界，与蒋纬国、毛庆祥创办上海奉化中学（今长宁中学），任校董事、校长。1980年，成为奉化第一批中国国民革命委员会会员。1981年，成为奉化政协委员，为祖国的和平统一贡献自己的晚年。

毛景彪（1912—1961），岩头村人，谱名裕标，又名镇烽，号啸峰。1941年，任国民党第十集团军参谋长，作副司令俞济时的助手，一度驻扎新昌。1948年5月，任南京总统府军务局副局长（局长俞济时）。同年6月，调任国防部第一厅厅长。1949年，去台湾。1961年12月5日，病逝于台湾。

毛路真（1904—1961），又名信桂，岩头石门村人。中共党员，浙江大学数学系教授，第二届浙江省人民代表大会代表。小学毕业后，就读于（宁波）浙江省立第四师范学校，与王任叔（巴人）、潘念之等人组织了宁波最早的进步文化团体"雪花社"，因参加爱国学生运动被校方开除。民国十六年（1927），毕业于武昌中山师范大学（武汉大学前身）数学系。曾任教于浙江省上虞春晖中学和上海立达学院。1930年，到浙江大学数学系任教，是浙江大学数学系最早的几位教授之一。1933年，其编著的《高中代数学》取代了过去通用的外国教材《范氏大代数》，为我国数学教学做出了杰出贡献。1952年，院系调整时，调任浙江师范学院数学系系主任。次年，调回浙江大学任数学力学系系主任，直至去世。1960年，曾出席全国文教群英会。其女儿毛雪绵、毛雪绮均为中学高级教师。

毛翼虎（1914—2004），字觉人，岩头石门村人。1928年，浙江省上虞春晖中学毕业。1934年8月，就读于上海持志大学，并任上海光华书局新儿童文库编辑。1936年12月，任宁波律师公会律师。1938年2月，任浙江省立宁波中学国文教员。1939年，加入中国国民党。1940年2月起，先后任鄞县政府秘书、国民党奉化县党部书记长等职。1948年，任国民党政府立法院立法委员。1957年5月起，任宁波市政协第一、二、四、五、六届委员会委员、常务委员兼副秘书长。1980年6月起，任民革宁波市委会主委、浙江省委会副主委。1978年起，任政协浙江省第四至九届委员会委员。第五届委员会常委。1982年2月起，任第六至七届全国政协委员，政协宁波市第七至十届委员会副主席，宁波市台胞台属联谊会会长。为祖国统一、两岸关系发展做出很大努力，产生重要影响。主要著作有《破产法讲话》《民法继承》《奉化风情》《四明胜迹》《天涯芳草庐诗稿》等。

毛杏表（1916—1950），石门金竹地村人。出身贫苦农家，童年时念过3年书。14岁到汉口徐坤记沙发店当学徒，满师后在上海等地做工。1938年，失业回家。1942年10月，到四明山抗日根据地参军，后编入新四军浙东游击纵队第四支队。1944年6月，加入中国共产党。先后参加慈溪河姆渡（今属余姚市）、鄞县百梁桥等地方"扫荡"战斗，荣立战功，升为副排长。1945年，抗日战争胜利后，随部队北撤。1946年7月，参加攻打山东文祖镇战役。同年10月，参加鲁南鳌山反击战，战后升任排长。同年12月，参加宿北战役，被评为战斗英雄。翌年5月，在孟良崮战役中受伤。在后方医院疗养期间，组织伤员帮助群众抢收庄稼，协助院方管理伤病员，被评为模范党员和模范休养员。同年12月，伤愈归队，任副连长。1948年6月，在豫东围攻白凹战斗中，指挥连队一举攻克6个地堡。次日，攻打邱屯，见先头部队进攻受挫，立即带领连队奋勇攻入敌阵，胸部负伤，沉着指挥，直至再次中弹昏倒，被评为特等功，授"华东一级人民英雄"称号。1949年10月1日，以全国英雄模范代表身份参加开国大典。翌年10月，参加中国人民志愿军，任副营长。同年11月28日，在朝鲜乾磁开战斗中，身先士卒，壮烈牺牲。

毛张苗（1925—1985），石门村人，出生于贫苦农家。1943年8月，去鄞县西乡抗日根据地参军。次年4月，加入中国共产党。抗日战争胜利后，随新四军浙东游击纵队北撤。解放战争中，历任班长、排长、连长等职。1950年11月，参加中国人民志愿军，任连长，投入朝鲜古土水战斗，在冰封雪积的高地阻击数倍于己之敌，首战告捷。翌年5月中旬，在第五次战役中带领连队在36小时内穿越五马峙、月屯谷数十公里，先后击溃敌军13次阻击，打垮敌一个化学迫击炮营和号称"精锐之师"的"白虎团"大部，歼敌百余人，切断敌军两个师的南逃之路，为第五次战役第二阶段围歼敌军创造条件，荣立一等功，获"中国人民志愿军一级战斗英雄"称号，出席全军第一届英模代表大会，五连立集体一等功，获"尖刀连"光荣称号。1953年，获朝鲜民主主义人民共和国二级、三级国旗勋章。1954年8月，任中国人民解放军步兵第一七八团副团长，参加解放一江山岛战斗，负责全团登陆作战训练。翌年1月，率领第二营强登北一江山岛，经45分钟激烈战斗，红旗插上二〇三高地主峰。1956年，获独立自由奖章和独立解放奖章。1961年3月，参加军事学院学习。次年，授中校军衔。1964年以后，历任第二十军第六十师副参谋长、副师长、师长。1975年，被选为第四届全国人民代表大会代表。1985年12月20日，逝世。

毛尹（1906—1996），原名雪艇，岩头石门村人。1927年，毕业于宁波民强中学，任教于宁波、奉化、镇海。1937年，全面抗战爆发，上海沦陷，曾在镇海指导反对汉奸傅筱庵的斗争。1941年，宁波沦陷，在故乡石门组织抗日自卫队。1942年，率队奔赴四明山参加革命。同年10月，加入中国共产党，曾任鄞县鄞江区区长、新四军浙东纵队第四支队副官处主任、华东野战军大队长等职。先后参加过孟良崮、滕县、淮海、渡江、解放上海战役，负过重伤。新中国成立后，曾任宁波专署司法科科长、杭州上城区人民法院院长等职。

毛祖霖（1926— ），岩头村人。美国西雅图华盛顿大学化工系毕业。1965年，去台湾。先后任正大尼龙工业股份有限公司筹备主任和常务董事、嘉大针织股份有限公司董事长。

毛学飞（1928— ），岩头村人。教授、硕士研究生导师。1956年，本科毕业于浙江大学机械系。历任湖南大学机械工程系教授、硕士研究生导师，湖南省机械加工学会副会长、环境噪声控制学会理事长、机床和工具行业协会常务理事、深圳环保产业协会副会长、深圳常通实业公司高级技术顾问。著有《噪声及降噪技术》《噪声与振动控制工程》《金属切削机床》（大学教科书）等，入选全国环保科技成果库。1984年，被聘全国机械工程师进修大学教师，并与清华大学合编教材，发行5万余册。

毛昭晰（1929— ），祖籍奉化石门村。中共党员，中国民主促进会会员。1949年，毕业于浙江大学文学院史地学系，考取浙江大学人类学研究所研究生。1951年后，在杭州大学（原浙江大学）、浙江大学任教，兼任杭州大学图书馆馆长、浙江省文化厅副厅长、浙江省文物局局长及浙江省博物馆馆长。1991年，受聘为国家文物局博物馆专家组成员。1994年，受聘为国际日本文化研究中心客座教授。曾任浙江省考古学会会长、浙江省博物馆学会会长、浙江省图书馆学会会长、中国自然科学博物馆协会名誉理事长、中国世界古代史研究会名誉理事长。第四届浙江省政协委员、第五和第六届浙江省政协常委、第七届全国政协委员、第八届浙江省人大常委会副主任、第九届全国人大常委会委员。现任浙江大学历史系教授、浙江省博物馆名誉馆长、良渚文化博物院名誉院长、龙泉青瓷博物馆名誉馆长、杭州历史博物馆名誉馆长、浙江省老教授协会会长、浙江省历史文化名城保护专家委员会主任、中国文物学会顾问等职。著有《世界上古史纲》（合著）《世界上古史》（合著）《世界通史》（合著）《世界古代中世纪史》（合著）《世界史》（合著）《简明世界史》（合著）《泰晤士世界历史地图集》（合译）等。其中，《世界上古史纲》等三本书获国家教委高等学校优秀教材一等奖。2009年，被文化部和国家文物局授予"中国文物、博物馆事业杰出人物"荣誉称号。2010年，被中国自然科学博物馆协会授予"终身荣誉奖"。

毛学鸣（1931—2011），岩头村人。中共党员，教授级高级工程师，享受国务院政府特殊津贴。1955年7月，上海交通大学毕业。1960年，担任一机部上海船舶设计研究院产品设计室工程师，六机部第七研究室副主任、工程师，第七研究院711研究所第一研究室及柴油机研究发展部主任。1987年1月起，任中国船舶工业总公司第711研究所副总工程师。设计的三种柴油机分别获国家集体二等奖、中船总公司重大科技成果二等奖、国家科技进步二等奖。有2篇论文分别在第14届和18届国际内燃机会议上发表，并以国际顾问委员身份参加日本第三、四届国际轮机学术会议。

毛雪莹（1931—），女，祖籍奉化石门，亭下乡田岭头毛家人。中共党员，杭州师范大学生物系教授。1952年，浙江大学生物系毕业后，志愿支援边疆建设。在内蒙古工作33年，培养了大批各民族优秀青年，并对草原的主要成分莎草的研究有专长，发表《内蒙古苔草属的研究》《内蒙古蒿草属的研究》《内蒙古点地梅属的研究》《内蒙古蒿草属一新种》等论文，合著《内蒙古植物志》（第五卷、第八卷），曾获内蒙古科学大会二等奖、全国科学大会二等奖、国家教委科技进步二等奖、内蒙古科技进步一等奖，《蒙文种子植物图鉴》获首届全国科学大会二等奖。1989年，被选入《华夏妇女名人录》一书。

毛国祥（1932—），石门村人。土木建筑教授，高级工程师。先后在上海交通大学土木系、同济大学结构系、清华大学建材和设计施工专业学习。毕业后，在东南大学建筑系、土木系和无锡轻工业大学任教师，兼任设计院总工程师。后出国至巴布亚新几内亚，在PNGPTY公司任工程师主任，承担小区和高层建筑的规划、设计和施工。后至新加坡公司任总工程师,实习设计3年。为中华人民共和国一级注册结构工程师、境外注册建筑师、中国科协自然科学专家委员会会员、中国建筑学会会员。

毛国华(1933—),岩头石门村人。1956年,毕业于北京外国语学院研究生院。1956—1996年,先后在北京和国务院的外交、政法、文化、卫生、体育、新闻、出版、旅游等部委、局和涉外人民团体中担任处长、局长等职,并兼任8个全国性社会团体的领导职务。1989年,被评为社会科学高级研究员。1993年起,享受国务院特殊津贴。曾为重建雪窦寺向国家宗教事务局争取到15万元经费。1996年后,任国务院机关咨询委员。

毛宾尧(1938—),岩头石门村人。国家有突出贡献中青年专家,享受国务院特殊津贴。1962年,青岛医学院毕业。几十年来,主持过27项省级科研课题,创新和改进27项手术方法,获24项省级以上科技进步奖,参加29部骨科专著撰写,3项课题分别达到国内领先和国际先进水平。第七至九届全国人大代表。曾任《中华创伤》杂志等18家专业期刊审稿人、编委、常务编委和副主委,先后发表论文346篇。

毛增填(1938—),岩头村人。1961年,毕业于上海交通大学造船系。先后任教该校讲师、副教授、教授。1986年3月,加入中国国民党革命委员会。历任第七至十届中央民革常委,上海民革副主任委员。连续担任第七至十届全国政协委员,并任两届全国政协常委。曾赴美、英、法等国讲学,荣获国家重大科技奖、上海市重大科技奖、国家科技进步二等奖等奖项。

毛雪菲(1948—),女,祖籍奉化石门。中共党员。1976年,毕业于杭州大学中文系。曾任杭州大学教育系总支书记,杭州大学组织部部长,中国美术学院党委书记,第八、九届浙江省政协委员。现任浙江树人大学党委书记、第十一届浙江省人民代表大会常务委员会委员兼民族华侨委员会副主任委员。长期从事高校管理和思想政治工作,认真总结研究思想政治教育和管理工作中带有规律性的问题,编著有《艺术院校德育工作的思考与实践》等3部著作,曾获浙江省高校优秀共产党员、全国先进女职工、浙江省高校育人奖。

毛大龙(1963—),岩头石门村人。中共党员,教授、硕士生导师。现任浙江纺织服装职业技术学院党委书记。担任宁波市青年联合会副主席、宁波市服装协会副会长等社会职务。曾荣获宁波市十大杰出青年、宁波市重才爱才先进个人、全国纺织教育系统先进工作者、浙江教育年度十大影响力人物等荣誉称号，为宁波市十一次党代会代表。

（二）乡贤故事

1. 毛思诚的官宦人生

寒门三世诵清芬 —— 出身贫寒的秀才

毛思诚出身寒门，祖父29岁去世，他3岁时即丧父，没几年叔父也亡。他从小由祖母、母亲、叔母3个寡妇抚育，童年生活十分艰难困苦。

毛思诚自幼好学，初试中秀才，补廪生（成绩一等秀才）后的1899年，即在岩头祖居开设学馆，教授学生。蒋介石曾师从毛思诚，师生间结下深厚情谊。嗣后，毛思诚先后受宁波崇正学堂、衢州省立第八师范、宁波府中学堂之聘，担任教员、学监等职。

以柔制刚开顽石 —— 训蒙蒋介石的老师

蒋介石5岁启蒙，先后在奉化多处私塾、学馆求学，是一个出名的顽童。1901年，蒋介石与岩头村姑娘毛福梅结婚。次年，16岁的蒋介石来岩头跟着毛思诚温习《左传》、圈点《纲鉴》。

面对调皮成性的少年蒋介石，毛思诚采取"以柔制刚"的办法，多以规劝代训斥，并以身教做示范，使蒋介石学业大有长进，师生间也结下深厚的情谊。毛思诚手录里对蒋的评价是"瑞元好书，善于仿练""专心致志，判若两人"。之后，蒋介石入县城凤麓学堂，开始接受新式教育。

二十三年梦一场 —— 次子英年早逝

毛思诚次子毛葆节（1902—1924），毕业于浙江省立第四中学。1923年春，任福建惠安财政委员。是年夏，任东路讨贼军军械处中尉处员。1924年5月，闻蒋介石创建黄埔军校，投之，入一期学习。是年7月12日，病逝于广州。同年8月4日,黄埔军校为毛葆节举行追悼会。孙中山为这位青年才俊主祭,并手书"遗恨如何"。校长蒋介石、国民党代表廖仲恺、国民党中央执委胡汉民、汪兆铭、张继及广州各部队数千人参加了追悼会。

穷途作客走天涯 —— 任职黄埔军校

人到中年的毛思诚,育有7个子女,还要承担照顾祖母、母亲、叔母和侄女的责任,靠自己一个穷教师的收入维持全家生计,沉重而艰难。1925年4月,蒋介石驰书召恩师毛思诚入粤,委以黄埔军校少校秘书之职,兼任校史编纂委员会委员。此时,毛思诚已是年逾半百的"老秀才"了。

为了维持和改善家境,他无奈发出"老托军门亦可怜"的感慨。作为一个有思想、有良知的旧文人,他在黄埔做幕僚和案头工作却十分勤勉。"生平不肯让人处,独有区区责任心"便是他的心迹。

宦囊莫惜空如洗 —— 出任潮阳县县长

1926年,蒋介石把东征所占领的广东潮阳县交毛思诚治理。在潮阳县县长任上,毛思诚曾立足长远,试图改善民生、改良民风,并非常重视教育事业,可总是阻力重重,便上书蒋介石"吾性好酒,而才非庞士元,百里侯非吾愿也。"在诗中,他也感叹"我本一书生,从政非所长。"上任8个月,请辞获准。潮阳各界纷纷挽留,无果,则热烈相送,赠以明镜和清水,足见毛思诚颇得民心。完身而退的毛思诚,保全了一位廉洁正直"古君子"的人格。

中枢心迹共堪明 —— 纂述蒋介石前半生

从1927年7月在南京任国民革命军总司令部秘书处中校秘书到1937年"七七"事变后忧国心切、体力不支而养老还乡,整整10年间,毛思诚一直在蒋介石身边,在中枢机关工作。

1931年,毛思诚根据蒋介石亲笔日记纂成《自反录》6卷,书名由蒋介石亲署。毛思诚又根据各方面给蒋介石的重要书函、公牍,以及蒋介石的手卷、日记等,呕心沥血,三易其稿,以编年体纂成《民国十五年以前的蒋介石先生》,共20册,为蒋介石自1岁至40岁的个人纪年史传。同时,编纂《蒋介石大事年表》1册。两部书均由中华书局在1937年3月,以聚珍版仿宋体精印。由于印数不多,仅向上层知名人士赠阅，民间流传极少。

噩耗频传不忍听 —— 人生最苦是死别

毛思诚先生育有五子二女。1924年7月，就读黄埔军校的次子毛葆节病逝广州，毛思诚母亲和祖母经受不住痛失孙子、曾孙的打击，先后在同年8月和9月病逝。1925年10月，刚以优异成绩毕业于上海著名的圣芳济学校的三子毛葆坚，也被病魔夺去了18岁的年轻生命。其间，长子毛葆恩的两个孩子也先后夭折。在短短的一年多时间里，毛思诚送走了四代六位亲人，心在滴血，欲哭无泪！

茹痛一生身后显 —— "贤母流芳"的欣慰

毛思诚3岁丧父，22岁母亲坚贞守节，茹痛一生。其母对他"爱之特甚，督责独严"。为感念母恩，1939年，毛思诚用历年薪俸所积，在村口狮子山麓自家田上，敬造纪念石牌坊。牌坊高6米，宽10余米，台基高1米。坊额正面镌"贤母"，背面刻"流芳"，皆为蒋中正亲题，牌坊对联由何应钦撰书。"文革"期间被毁。

毛思诚还时时以母亲"生平懿行"的善举为楷模，践行她"待时图报"的遗愿，资金稍有宽余，即造桥、扩建学校、办邮政所、保护村貌等，尽其所能，造福桑梓。

证信史料寄兰台 —— 毛公后人的义举

蒋介石素来敬重师辈，对毛思诚尤甚。半为师生情谊，深知毛思诚的学识品德为乡里人敬仰；半为同是奉化人，且有姻亲关系。于是，蒋介石以缄縢数具，将个人日记、函电及公务文电等，交付毛思诚珍藏。1939年，毛思诚去世后，正是战火弥漫、盗匪四起的年代，其长子毛葆恩每当逃难奔波，首先想到的是带上这批弥足珍贵的蒋介石文档。1958年，毛葆恩病逝，这批"宝贝"传给毛思诚长孙毛丁保管。"文革"中，为了保存这些珍贵的文史资料，毛丁付出了家破人亡的沉重代价。

1985年6月7日，毛丁把"毛思诚遗存之蒋介石个人日记、函电及公务文电"等182卷，捐献给中国第二历史档案馆。1993年8月23日，毛丁又将一些找回的历史照片及资料捐赠给广东革命历史博物馆。近几年,毛思诚最年幼的孙子毛鼎定顾全大局,主动让出毛思诚故居建筑。这一义举,为推进岩头古村的整体保护和旅游开发起到了积极的示范作用。

2. 毛邦初与民国空军

民国初期,空军始创

1912年1月1日,中华民国南京临时政府成立,临时大总统孙中山十分重视空军创建,时有武昌、上海、南京和广州四支航空队。1917年,孙中山在广东成立护法军政府,成立航空处,提出"航空救国"口号。

学军黄埔,留学"中山"

1925年1月,毛邦初考入黄埔军校第三期,入步兵科学习,参加了第一次东征。1926年1月,被派赴苏联莫斯科中山大学学习。

参与国民政府空军初建

1927年4月,成立于南京的国民政府重视空军建设。1928年11月,国民政府成立航空署,军事航空与民航合而为一,首任署长为熊斌。

1929年,国民政府召开军事编遣会议。其时,陆军各师司令部、海军各舰队司令部、空军各航空队全归国民革命军总司令蒋介石指挥。为统一领导各航空队,于1930年在南昌设立空军指挥部,由毛邦初担任指挥官,空军从此成为一个独立军种。1930年4月,毛邦初一度代理航空署署长。

主持航校,培养人才

1931年6月,军政部任命毛邦初为航空学校校长。同年7月,航空学校正式成立。1932年,航空学校改名为中央航空学校,校址设于杭州笕桥。同年9月1日,正式开学,蒋介石亲兼校长,毛邦初任副校长。

中央航校除了招收飞行员、机械生,还设高级班,招收航空队飞行员。至抗战全面爆发前夕1937年5月,第6期学员毕业,学校共培养空军人才660名。

亲率学员，欧美深造

1934年，蒋介石派毛邦初率笕桥中央航校第2期20名毕业学员，到意大利深造，并考察美国、德国的航空事业。几年后，这些毕业学员都在抗战空战中起到了"领头雁"作用。

兄弟携手共赴国难，杭州空战克敌制胜

1937年8月13日晚，蒋介石下令："空军于14日出动，协同陆军作战，并任要地防空。"8月14日凌晨起，中国空军即投入杭州空战，这一天以3比0战绩，首开空战胜利纪录。以后，国民政府定8月14日为"中国空军节"。

1937年8月15日，毛邦初之弟毛瀛初在空战中击落日本重型轰炸机，大获沪上媒体褒扬。其时，毛邦初作为负责空军指挥作战事宜的副总指挥，对中国空军抗战初期空战胜利做出了重要贡献。

联手美军"飞虎队"，共同打击侵略者

1936年1月，毛邦初邀请陈纳德到中央航空学校担任飞行教官。1936年6月3日，航空委员会秘书长宋美龄任命陈纳德为中国空军顾问，帮助中国建立空军部队。1941年8月1日，蒋介石发布命令，由陈纳德组建的中国空军美国志愿援华航空队——"飞虎队"正式成立。

抗战期间，"飞虎队"共击毁日机2600架、军舰44艘，击毙日军66700名，为中国抗战建立了奇功，也为海峡两岸中国人民所共同敬仰。作为抗战时期中国空军的主要领导人，毛邦初和部属们与陈纳德领导的"飞虎队"患难与共，并肩作战，创立了不朽的业绩。

试航"驼峰航线"，保障战时运输

1940年5月，毛邦初晋升空军少将。同年8月，任战时"空中"最高领导机关——航空委员会副主任。1941年3月，增设空军总指挥部，毛邦初任总指挥。1942年7月18日，毛邦初带领机组人员从成都凤凰山机场起飞，克服重重艰难险阻，成功试航"驼峰航线"。

1943年起，为突破日本封锁，美国志愿航空队除了对日作战，还与中国

空军合作，飞越喜马拉雅山从印度运送战略物资到中国，3年间，共向中国战场运送了80万吨急需物资。这条富有传奇色彩的"驼峰航线"，是中美两国人民共同抗击日本法西斯侵略的见证，它对保障战时中国战略物资运输，发挥了特殊的作用。

常驻美利坚，长逝洛杉矶

抗战胜利后，1946年6月，毛邦初任空军总司令部副总司令，曾代表国民政府常驻美国，被授空军中将。1949年，去台湾。1951年，毛邦初受命赴美国购置飞机，遂携眷属定居墨西哥，继迁美国。1985年，病逝于洛杉矶。

3. 毛福梅的一生

殷实的娘家

毛福梅祖父是清代恩贡，遗有田产。父亲毛鼎和开有一家祥丰米行、一家南货店，也兼顾祖传田地，经营竹山，善于理财，家底殷实。他对积德行善之事尤为热心，人称祥丰老板。大哥毛怡卿一直靠自己经商为生。二哥毛懋卿为清末秀才，后考入北京高等警官学校，毕业后任慈溪县警察所所长，曾赴黄埔军校担任总务，后弃政从商，经营宁波鄞奉长途汽车公司。姐姐毛英梅，嫁岩头村附近的下跸驻村宋孟果为妻。

不幸的婚姻

1901年冬，由王采玉表兄陈春泉说媒，毛福梅与蒋介石结婚。那年，蒋介石15虚岁，毛福梅20虚岁。结婚初期，夫妻感情尚好，毛福梅先后跟随蒋介石在县城、宁波伴读。1905年4月，蒋介石首赴日本留学，从此常年在外奔波，夫妻聚少离多，感情日趋冷淡。1909年夏，蒋介石从日本回国滞留上海，王采玉带儿媳前往探望，毛福梅有了身孕。1910年4月27日，蒋经国在丰镐房出生。1927年，蒋宋联姻之前，毛福梅被迫与蒋介石离婚，但"离婚不离家"，仍是丰镐房的主人。

悲惨的结局

毛福梅嫁入蒋家后，孝敬婆婆，相夫教子，吃素念佛，乐善好施，乡邻莫不称道，但好人并非有好的结局。1925年，15岁的蒋经国离开母亲，赴遥远的苏联留学，毛福梅饱受长达13年的母子离散之苦。1927年，她万般无奈之下与蒋介石离婚。1939年12月12日，惨死于日寇的飞机轰炸之下。死于非命的结局，是她人生的最大悲剧。

孝顺的儿子

毛福梅一生最大的欣慰，在于从小懂事而又乖巧的儿子蒋经国。距丰镐房不远的摩诃殿，是蒋经国年幼时陪伴慈母诵经的嬉玩之地。蒋经国从苏联回来，在众多女眷中一眼就认出分离13年的亲母，母子相逢，悲喜交集，抱头痛哭。毛福梅罹难之后，蒋经国挥泪手书"以血洗血"，为表心迹几十年拒用日货。在赣州，蒋经国为母举行追悼会，并建造"忠孝桥"，以示追念。抗战胜利后，蒋经国为生母举行了隆重的下葬仪式；在台湾七海寓所，蒋经国始终将生母大幅遗像供于中堂。

（三）岩头籍寓居外地的知名人士

近一个多世纪以来，由于人口激增，地域狭窄的岩头村出产不足，缘此形成了村民闯荡天下、外出谋生的风气。据村人粗略统计，时至今日，岩头毛姓定居上海的约有2万之众，散居全国其他各地的有1万多人，侨居海外各国的有1000多人。

岩头籍寓居外地知名人士表

姓名	性别	生卒年	学历/职称	个人简历	备注
毛之江（瑞初）	男	1916—2005	院长	抗日战争时期，投奔延安，受朱总司令接见。新中国成立后，组建西北建筑设计院，历任北京玻璃工业设计院院长、中国建筑东北设计院院长，获国家颁发的抗日战争胜利60周年奖章	岩头人
毛建一	男	1954—	正处级总编	浙江省司法厅《东方法苑》总编。1985年，获得全国诗歌创作一等奖。全国散文诗学会会员，代表作《我是奔马》《太阳花》	岩头人
毛建卫	男	1964—	硕士、教授级高级工程师	浙江科技学院生物与化学工程学院院长，生物工程研究所所长	岩头人
毛文珠	女	1924—	主任编辑	浙江人民广播电站总编辑	岩头人
毛鼎雄	男	1960—	硕士、高级工程师	中信深圳公司总经理	岩头人
毛英豪	男	1937—	中学高级教师	浙江岱山中学，奉化县人大副主任	岩头人
毛多祥	男	1966—	大专	澳大利亚CACSYSTEMSP-TYCTO阿尔系统私人公司董事长	石门人
毛信萃	男	1925—2009	高级工程师	国家工商行政管理局处长，主编《中国著名售货市场荟萃》，合编《工商管理》	岩头人
毛信叶	男	1945—	主任医师	桐乡中心医院内科主任	石门人
毛显光	男	不详	医学博士	纽约大学医学院毕业，斯坦福大学医学院医学博士，全关节置换专门医师	岩头人

续表

姓名	性别	生卒年	学历/职称	个人简历	备注
毛正元	男	不详	主任医师	台湾著名医师，曾任荣总医院主任医师	岩头人
毛昭超	男	1935—	高级工程师	水电部富春江水电设备总厂高级工程师	岩头人
毛 羽	女	1970—	博士	2000年，获德州大学计算机学科硕士学位和"模范助教"。2003年，获博士学位	岩头人
毛昭寰	男	1937—	博士	美国号角男孩(Bugle Boy)公司董事长	岩头人
毛昭宪	男	1939—	教授	美国国家工程院院士，哥伦比亚大学整形外科实验室主任，美前总统里根的科学顾问	岩头人
毛昭定	男	1945—	大学	台湾台北市昭凌营造股份公司董事长，台湾传统运教股份有限公司经理	岩头人
毛谦塘	男	1932—	副教授	黑龙江科技学院社科系副主任、副教授，马列主义教研室副处长主任	石门人
毛晓文	女	1965—	高级工程师	河海大学毕业，任江苏省水文资源勘测局水环境监测中心教授级高级工程师	岩头人
毛善龙	男	1968—	博士	北大政治系获博士学位，现任中国人民大学行政管理系系主任，著有《政治社会学》《经济分析》	石门人
毛建超	女	1984—	硕士	美国芝加哥大学毕业，斯坦福大学获硕士学位	岩头人
毛 杰	男	1980—	博士	兰州大学本科、博士生毕业	岩头人

续表

姓名	性别	生卒年	学历/职称	个人简历	备注
毛志刚	男	不详	教授	哈尔滨工业大学教授、博导，上海交通大学微电子系副院长。曾获清华大学半导体器体与物理学士学位，法国德恩第一大学信息通信专业博士学位。承担多项国家基金项目和863项目的研究开发	岩头人
毛小清	男	1930—	著名画家	浙江美术学院毕业，成都群众艺术馆著名画家。画作充满"俄罗斯情结"，代表作《小青画集》等	岩头人
毛昭晖	男	1936—	大学系主任	历任内蒙古师大地理系主任，全国经济地理研究会理事，著有《中国人口丛书内蒙古分册》《内蒙古导游基础》等	石门人
毛昭昕	男	1942—	教授级高级工程师	地质部成都地质矿产研究所教授级高级工程师，著有《英汉地质词典》(合著)《俄华地质词典》(合著)等	石门人
毛昭晔	男	1944—	书记、处长	历任浙江生产建设兵团二师八团连长、团司令部参谋，尚山第一农垦场场长兼党委书记，杭州市农业局农场处处长。1995年后，任杭州市发改委农业处处长	石门人
毛国富	男	1937—	国家美术大师	擅长运用西洋画技绘制传统人物画，多次荣获全国大奖。	岩头人

图片档案

A
B
C
D
E
F
G

—— 村落面貌

—— 历史见证

—— 物质文化遗产

—— 非物质文化遗产

—— 民俗生活

—— 生产方式

—— 人　物

中国传统村落立档调查(图片)归档表

村落名称:岩头村

所属省市乡(镇):浙江省宁波市奉化区

拍摄者:林荷英、陈峰

拍摄时间:2009年—2017年

分类	分类号	图片编号	说明	备注
A 村落面貌	A-1 村落全貌	A-1-1	岩头村全貌	—
		A-1-2	由北向南俯视岩头村	—
		A-1-3	民国时期岩头村村景	—
	A-2 村落与 自然关系	A-2-1	岩头村口牌坊	—
		A-2-2	村东边的白象山	—
		A-2-3	村西边的狮子山	—
		A-2-4	穿村而过的岩溪	—
	A-3 主要街巷	A-3-1	由东向西的街景	—
		A-3-2	街景一角1	—
		A-3-3	街景一角2	—
		A-3-4	通往白象山的路	—
		A-3-5	古村改造时的道路	—
		A-3-6	村中道路	—
		A-3-7	里弄	—
		A-3-8	村内道路	—
		A-3-9	通往竹园的路	—
		A-3-10	村口的路	—

续表

分类	分类号	图片编号	说明	备注
A 村落面貌	A-3 主要街巷	A-3-11	通往大堰的路	—
	A-4 重要公共空间	A-4-1	村口的广场	—
		A-4-2	宣传栏	—
		A-4-3	文体中心与科普画廊	—
		A-4-4	岩头历史文化馆	—
		A-4-5	文化礼堂（毛邦初旧宅）	—
		A-4-6	仁爱启明书院	—
B 历史见证	B-1 村落历史见证	B-1-1	村中的枫杨树群	—
		B-1-2	广济桥边的香樟树	—
		B-1-3	岩溪边的香樟树	—
		B-1-4	毛玉佩墓	—
		B-1-5	戴表元墓	—
		B-1-6	钱潭庙	—
		B-1-7	清代岩头村八景之清风禅寺的石碑	—
		B-1-8	清代岩头村八景之双桥浮影的石碑	—
		B-1-9	清代岩头村地形图	—
		B-1-10	清代岩头村形胜图	—
	B-2 家族历史见证	B-2-1	岩头村《毛氏宗谱》封面	—
		B-2-2	岩头村《毛氏宗谱》内页	—
		B-2-3	捷报1	—
		B-2-4	捷报2	—
		B-2-5	捷报3	—
		B-2-6	蒋介石为毛思诚母亲题写的"贤母流芳"，仅剩"母"一字	—
		B-2-7	毛思诚文集《勉庐遗养》	—

续 表

分类	分类号	图片编号	说明	备注
C 物质文化遗产	C-1 公共遗产	C-1-1	广济桥	—
		C-1-2	灵泉古井	—
		C-1-3	"石泉"摩崖石刻	—
		C-1-4	钱潭庙	—
		C-1-5	毛邦初旧宅	—
		C-1-6	崇本堂	—
		C-1-7	毛邦初旧宅内景	—
	C-2 民居建筑	C-2-1	瑞房	—
		C-2-2	廿四间外景	—
		C-2-3	毛福梅旧宅	—
		C-2-4	毛思诚祖居1	—
		C-2-5	毛思诚旧居2	—
		C-2-6	上三份第	—
		C-2-7	三道闾门	—
		C-2-8	登科闾门	—
		C-2-9	毛景彪故居	—
		C-2-10	五马山墙	—
		C-2-11	山墙	—
	C-3 民国时期商业店铺	C-3-1	祥丰南货店	—
		C-3-2	德贤药房	—
		C-3-3	王忠孝理发店	—
		C-3-4	祥霞理发店	—
		C-3-5	顺丰钱庄	—
		C-3-6	定位咸货店	—
		C-3-7	寿水箍桶店	—
		C-3-8	金昌钱庄	—
		C-3-9	东升南货店	—

续表

分类	分类号	图片编号	说明	备注
C 物质文化遗产	C-3 民国时期商业店铺	C-3-10	永昌布店	—
		C-3-11	顺昌小店	—
		C-3-12	大成米店	—
		C-3-13	东来杂货店	—
D 非物质文化遗产	D-1 列入名录的非遗	D-1-1	"竹海飞人"表演中	—
		D-1-2	"竹海飞人"传承人毛裕自	—
		D-1-3	"竹海飞人"新一代传承人毛方定	—
E 民俗生活	E-1 日常生活场景	E-1-1	做年糕1	—
		E-1-2	做年糕2	—
		E-1-3	做年糕3	—
		E-1-4	烧火做菜	—
		E-1-5	喂上轿饭	—
		E-1-6	拦轿门	—
		E-1-7	烘番薯脯	—
		E-1-8	寿酒	—
		E-1-9	虎头鞋	—
		E-1-10	晒鱼干	—
		E-1-11	起居室内景	—
		E-1-12	做馒头	—
		E-1-13	晒野山笋	—
		E-1-14	剥野山笋	—
		E-1-15	摘野果子	—
		E-1-16	制作翻簧竹器的工具	—
		E-1-17	托盘	—
		E-1-18	切笋	—
		E-1-19	笋上盐	—
		E-1-20	煮笋	—
		E-1-21	做篮子	—

续 表

分类	分类号	图片编号	说明	备注
E 民俗生活	E-1 日常生活场景	E-1-22	扫帚	—
	E-2 日常生活器具	E-2-1	草鞋	—
		E-2-2	蓑衣	—
		E-2-3	火油灯盏	—
		E-2-4	石磨	—
		E-2-5	喂鸡桶	—
		E-2-6	洗脸架	—
		E-2-7	果桶	—
		E-2-8	凉毛戴篷	—
		E-2-9	马桶	—
		E-2-10	提箱	—
		E-2-11	羹橱	—
		E-2-12	木鱼	—
		E-2-13	畚箕	—
		E-2-14	筛子和家空篮	—
		E-2-15	捣臼	—
		E-2-16	生活用品	—
		E-2-17	三寸金莲	—
		E-2-18	提篮	—
		E-2-19	座钟	—
		E-2-20	线团	—
		E-2-21	茶篮与晒谷笆	—
		E-2-22	印糕版	—
		E-2-23	擀面杖与切麻皮刀	—
		E-2-24	米筛	—
		E-2-25	晒花筛	—

续表

分类	分类号	图片编号	说明	备注
E 民俗生活	E-2 日常生活器具	E-2-26	开口桶	—
		E-2-27	斗桶	—
		E-2-28	饼干箱	—
		E-2-29	洗澡用的凳子	—
	E-3 民间信仰	E-3-1	闹元宵	—
		E-3-2	圆谱祭祖的祭品	—
		E-3-3	龙王庙开庙仪式1	—
		E-3-4	龙王庙开庙仪式2	—
		E-3-5	龙王庙开庙仪式3	—
F 生产方式	F-1 日常生产生活	F-1-1	立夏节燂田螺	—
		F-1-2	立夏节煮茶叶蛋	—
		F-1-3	立夏节做蛋套	—
		F-1-4	立夏节吃米鸭蛋	—
		F-1-5	出售笋干与干菜	—
		F-1-6	晒笋干	—
		F-1-7	洗箬壳	—
		F-1-8	燂笋前洗锅	—
		F-1-9	晒东西	—
		F-1-10	千层饼作坊	—
	F-2 生产工具	F-2-1	凉毛戴篷与刀箩	—
		F-2-2	做草鞋工具	—
		F-2-3	扁担钩与桑剪	—
		F-2-4	纺花车	—
		F-2-5	铜匠担	—
		F-2-6	榨豆腐工具	—
		F-2-7	针线工具等	—
		F-2-8	蜂蜜桶	—

续表

分类	分类号	图片编号	说明	备注
F 生产方式	F-2 生产工具	F-2-9	酱盖	—
		F-2-10	鱼箩	—
		F-2-11	鱼罩	—
		F-2-12	罾网	—
		F-2-13	各种生产工具	—
		F-2-14	砍竹斧头与马刀	—
		F-2-15	草鞋爬	—
		F-2-16	落田耙与竖弄	—
		F-2-17	救火时的安全帽	—
G 人物	G-1 村民肖像	G-1-1	毛定根	—
		G-1-2	毛涨庆	—
		G-1-3	宋福恩	—
		G-1-4	张友娥	—
		G-1-5	陈士英	—
		G-1-6	陆玲娣	—
		G-1-7	毛大娥	—
		G-1-8	毛国梁（右）	—
		G-1-9	毛满夫	—
		G-1-10	毛水昌	—
		G-1-11	毛月明	—
		G-1-12	王金凤	—
	G-2 历史上的重要人物肖像	G-2-1	奉化毛氏始祖	—
		G-2-2	岩头毛氏始祖	—
		G-2-3	毛于廷	—
		G-2-4	毛玉佩	—
		G-2-5	毛福梅	—
		G-2-6	毛思诚	—
		G-2-7	毛思诚（左三）与友人合影	—

续表

分类	分类号	图片编号	说明	备注
G 人物	G-2 历史上的重要人物肖像	G-2-8	毛思诚的儿子们，左至右依次为毛葆节、毛葆中、毛葆嘉、毛葆恩、毛葆坚（毛丁供）	—
		G-2-9	毛邦初	—
		G-2-10	毛懋卿	—
		G-2-11	毛瀛初	—
		G-2-12	毛景彪	—
		G-2-13	毛颖甫	—
		G-2-14	毛圣栋	—
		G-2-15	毛庆祥	—
		G-2-16	毛高文	—
		G-2-17	毛邦初（右）与飞虎队指挥官陈纳德将军	—
		G-2-18	毛邦初（左二）全家福	—
		G-2-19	毛邦初（右二）与空军队员	—

A 村落面貌

A-1 村落全貌

A-1-1 岩头村全貌

A-1-2 由北向南俯视岩头村

A-1-3 民国时期岩头村村景

A-2　村落与自然关系

A-2-1　岩头村口牌坊

A-2-2　村东边的白象山

A-2-3 村西边的狮子山

A-2-4 穿村而过的岩溪

A-3 主要街巷

A-3-1 由东向西的街景

A-3-2 街景一角1

A-3-3 街景一角2

A-3-4 通往白象山的路

A-3-5 古村改造时的道路

A-3-6 村中道路

A-3-7 里弄

A-3-8 村内道路

A-3-9 通往竹园的路

A-3-10 村口的路

A-3-11 通往大堰的路

A-4　重要公共空间

A-4-1　村口的广场

A-4-2　宣传栏

A-4-3 文体中心与科普画廊

A-4-4 岩头历史文化馆

A-4-5 文化礼堂（毛邦初旧宅）

A-4-6 仁爱启明书院

B 历史见证

B-1 村落历史见证

B-1-1 村中的枫杨树群

B-1-2 广济桥边的香樟树

B-1-3 岩溪边的香樟树

B-1-4 毛玉佩墓

B-1-5 戴表元墓

B-1-6 钱潭庙

B-1-7 清代岩头村八景之清风禅寺的石碑

B-1-8 清代岩头村八景之双桥浮影的石碑

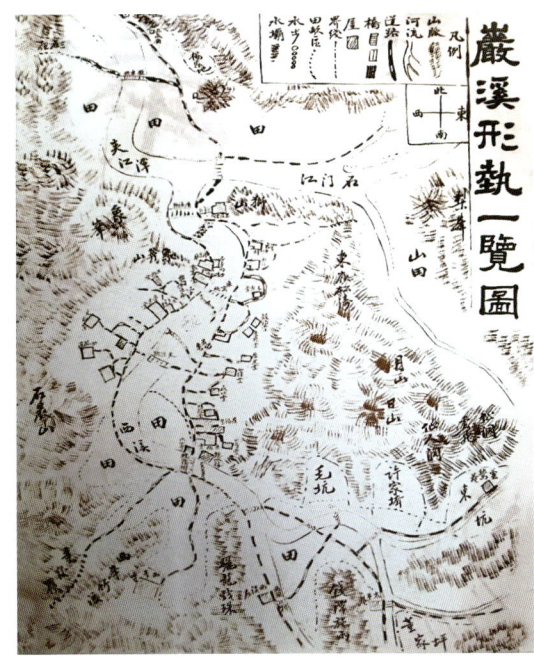

B-1-9 清代岩头村地形图

B-1-10 清代岩头村形胜图

B-2　家族历史见证

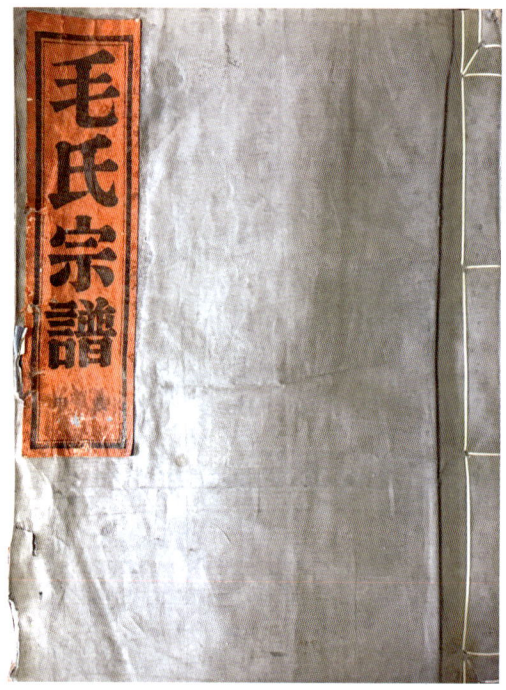

B-2-1　岩头村《毛氏宗谱》封面

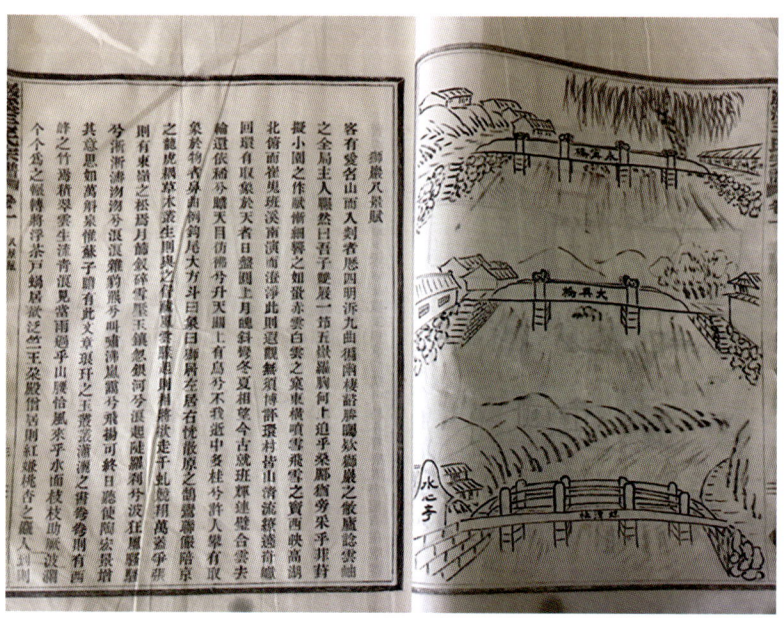

B-2-2　岩头村《毛氏宗谱》内页

B-2-3 捷报 1

B-2-4 捷报 2

B-2-5 捷报 3

B-2-6　蒋介石为毛思诚母亲题写的"贤母流芳"，仅剩"母"一字

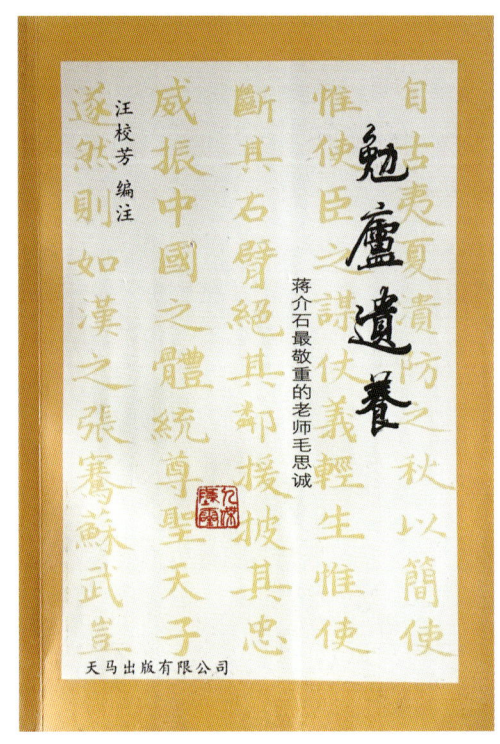

B-2-7　毛思诚文集《勉庐遗养》

C 物质文化遗产

C-1 公共遗产

C-1-1 广济桥

C-1-2 灵泉古井

C-1-3 "石泉"摩崖石刻

C-1-4 钱潭庙

C-1-5 毛邦初旧宅

C-1-6 崇本堂

C-1-7 毛邦初旧宅内景

C-2 民居建筑

C-2-1 瑞房

C-2-2 廿四间外景

C-2-3 毛福梅旧宅

C-2-4 毛思诚祖居1

C-2-5 毛思诚旧居2

C-2-6 上三份第

C-2-7 三道闾门

C-2-8 登科闾门

C-2-9　毛景彪故居

C-2-10　五马山墙

C-2-11　山墙

C-3 民国时期商业店铺

C-3-1 祥丰南货店

C-3-2 德贤药房

C 物质文化遗产　145

C-3-3　王忠孝理发店

C-3-4　祥霞理发店

C-3-5　顺丰钱庄

C-3-6 定位咸货店

C-3-7 寿水箍桶店

C-3-8 金昌钱庄

C-3-9 东升南货店

C-3-10 永昌布店

C-3-11 顺昌小店

C-3-12 大成米店

C-3-13 东来杂货店

D 非物质文化遗产

D-1 列入名录的非遗

D-1-1 "竹海飞人"表演中

D-1-2 "竹海飞人"传承人毛裕自

D-1-3 "竹海飞人"新一代传承人毛方定

E 民俗生活

E-1 日常生活场景

E-1-1 做年糕1

E-1-2 做年糕2

E-1-3 做年糕3

E-1-4 烧火做菜

E-1-6 拦轿门

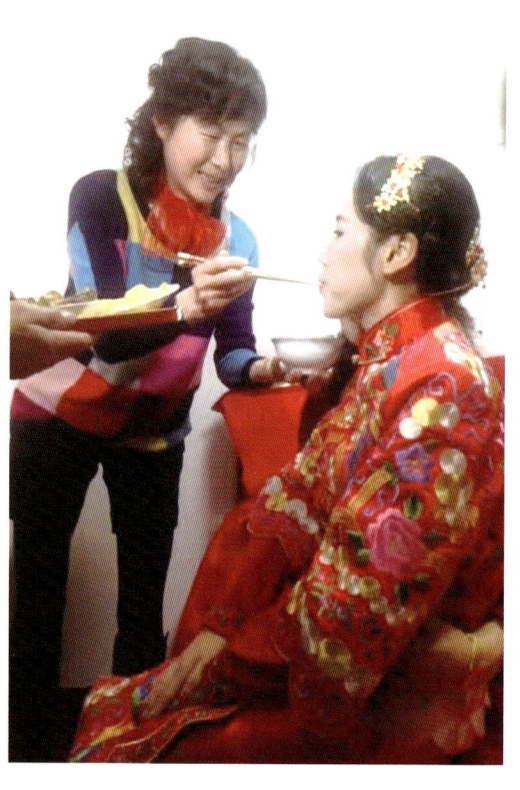

E-1-5 喂上轿饭

E-1-7 烘番薯脯

E-1-8 寿酒

E-1-9 虎头鞋

E-1-10 晒鱼干

E 民俗生活　155

E-1-11　起居室内景

E-1-13　晒野山笋

E-1-12　做馒头

E-1-14 剥野山笋

E-1-15 摘野果子

E-1-16 制作翻簧竹器的工具

E-1-17 托盘

E-1-18 切笋

E-1-19 笋上盐

E-1-20 煮笋

E-1-21 做篮子

E-1-22 扫帚

E-2　日常生活器具

E-2-1　草鞋

E-2-2　蓑衣

E-2-3　火油灯盏

E-2-4 石磨

E-2-5 喂鸡桶

E-2-6 洗脸架

E-2-7 果桶

E-2-8 凉毛戴篷

E-2-9 马桶

E-2-10 提箱

E-2-11 羹橱

E-2-12 木鱼

E-2-13 畚箕

E-2-14 筛子和家空篮

E-2-15 捣臼

E-2-16 生活用品

E 民俗生活

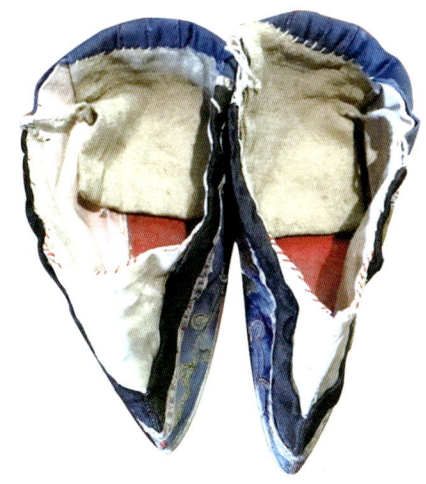

E-2-17 三寸金莲

E-2-18 提篮

E-2-19 座钟

E-2-20 线团

E-2-21 茶篮与晒谷箔

E-2-22 印糕版

E-2-23 擀面杖与切麻皮刀

E 民俗生活

E-2-24 米筛

E-2-25 晒花筛

E-2-26 开口桶

E-2-27 斗桶

E-2-28 饼干箱

E-2-29 洗澡用的凳子

E-3　民间信仰

E-3-1　闹元宵

E-3-2　圆谱祭祖的祭品

E-3-3 龙王庙开庙仪式1

E-3-4 龙王庙开庙仪式2

E-3-5 龙王庙开庙仪式3

F 生产方式

F-1 日常生产生活

F-1-1 立夏节燀田螺

F-1-2 立夏节煮茶叶蛋

F-1-3 立夏节做蛋套

F-1-4 立夏节吃米鸭蛋

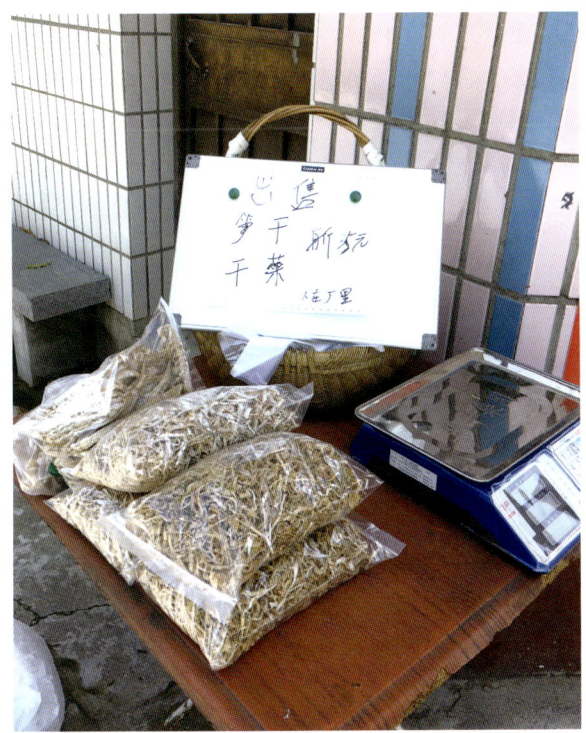

F-1-6 晒笋干

F-1-5 出售笋干与干菜

F-1-7 洗箬壳

F-1-8 燀笋前洗锅

F-1-9 晒东西

F-1-10 千层饼作坊

F-2 生产工具

F-2-1 凉毛戴篷与刀箩

F-2-2 做草鞋工具

F-2-3 扁担钩与桑剪

F-2-4 纺花车

F-2-5 铜匠担

F-2-6 榨豆腐工具

F-2-7 针线工具等

F-2-8 蜂蜜桶

F-2-9 酱盖

F-2-10 鱼篓

F-2-11 鱼罩

F-2-12 罾网

F-2-13 各种生产工具

F-2-14 砍竹斧头与马刀

F-2-15 草鞋爬

F-2-16 落田耙与竖弄

F-2-17 救火时的安全帽

G 人物

G-1 村民肖像

G-1-1 毛定根

G-1-2 毛涨庆

G-1-3 宋福恩

G-1-4 张友娥

G-1-5 陈士英

G-1-6 陆玲娣

G-1-7 毛大娥

G-1-8 毛国梁（右）

G-1-9 毛满夫

G-1-10 毛水昌

G-1-11 毛月明

G-1-12 王金凤

G-2 历史上的重要人物肖像

G-2-1 奉化毛氏始祖

G-2-2 岩头毛氏始祖

G-2-3 毛于廷

G-2-4 毛玉佩

G-2-5 毛福梅

G-2-6 毛思诚

G-2-7 毛思诚（左三）与友人合影

G-2-8 毛思诚的儿子们，左至右依次为毛葆节、毛葆中、毛葆嘉、毛葆恩、毛葆坚（毛丁供）

G-2-9 毛邦初

G-2-10 毛懋卿

G-2-11 毛瀛初

G-2-12 毛景彪

G-2-13 毛颖甫

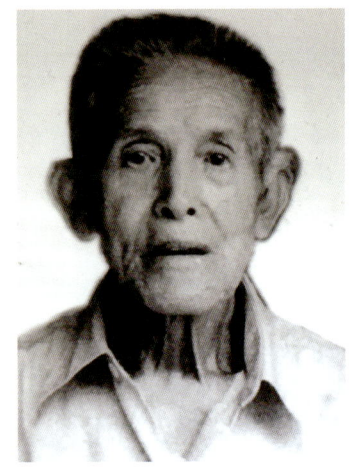
G-2-14 毛圣栋

G-2-15 毛庆祥

G-2-16 毛高文

G-2-17 毛邦初（右）与飞虎队指挥官陈纳德将军

G-2-18 毛邦初（左二）全家福

G-2-19 毛邦初（右二）与空军队员

附录 国家级传统村落岩头村立档调查人员名录

负 责 人　　陈　峰

采访调查人　　裘国松（55岁，大专学历，溪口旅游集团民国史研究室主任）
　　　　　　　毛卫海（55岁，高中学历，岩头村前书记）

受访讲述人　　毛玉尊（78岁，大专学历，退休教师）

摄　　影　　林荷英　陈峰

编　　校　　陈峰

采录时间　　2015年6月至2018年6月